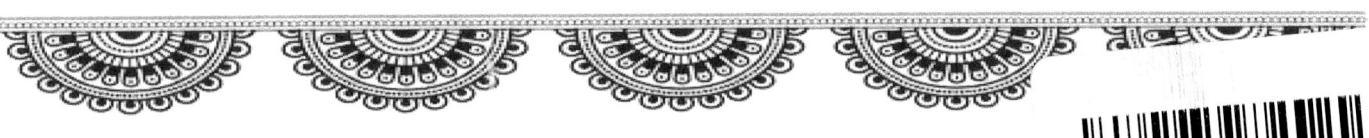

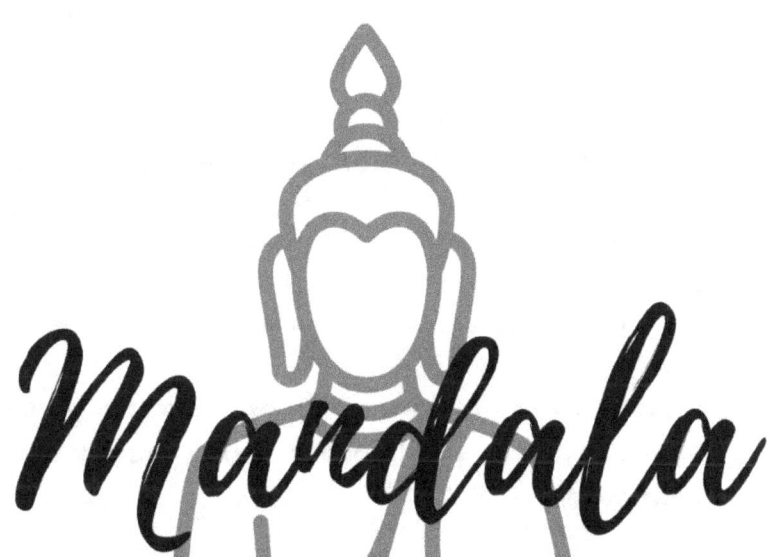

Mandala

TERAPIA Y MEDITACIÒN

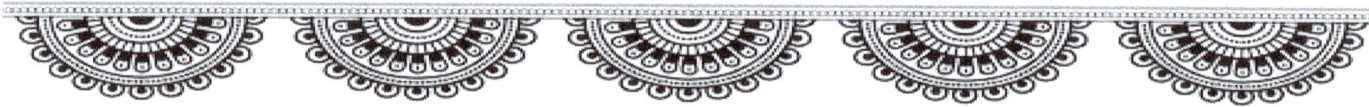

MANDALA

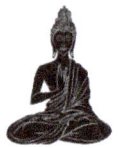

El término mándala significa "**rueda o círculo**" en sánscrito y tiene su origen en La India. Estas elaboraciones son utilizadas, sobre todo, en el hinduismo y en el budismo, ya que evocan representaciones del **macrocosmos y microcosmos**, concebidas siempre desde un punto de vista totalmente espiritual y terapéutico. Sus beneficios son rápidamente apreciables por aquellos que practican la meditación.

Un mándala es un diagrama de formas diferentes y variadas (círculos, cuadrados, octógonos) organizados alrededor de un centro. Para los budistas, su función es la meditación.

Los mándalas también sirven para expresar gráficamente los siete chakras: Muladhara, Svadhisthana, Manipura, Anahata, Visuddha, Ajna, Sahasrara. Son puntos energéticos que rigen la existencia de los cuerpos físico y espiritual y cuyas concentraciones influyen en los impulsos y estados de conexión cósmica que se viven. Además, los mándalas también nos pueden servir para decorar nuestra casa o lugar de trabajo, y en este libro de uso espiritual y terapéutico podrás adentrarte de forma activa en un viaje personal hacia nuestra propia iluminación.

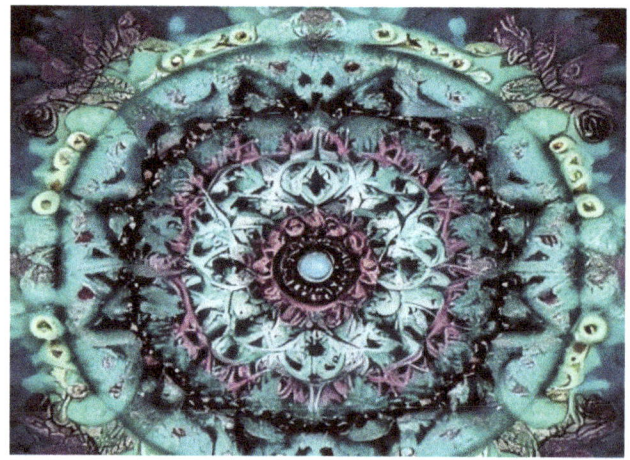

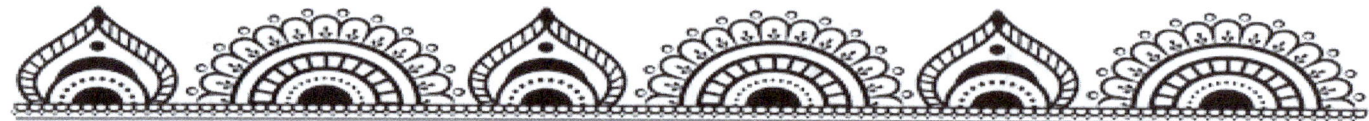

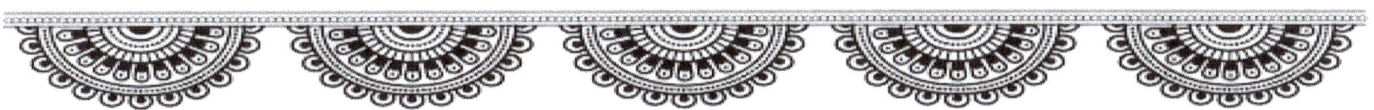

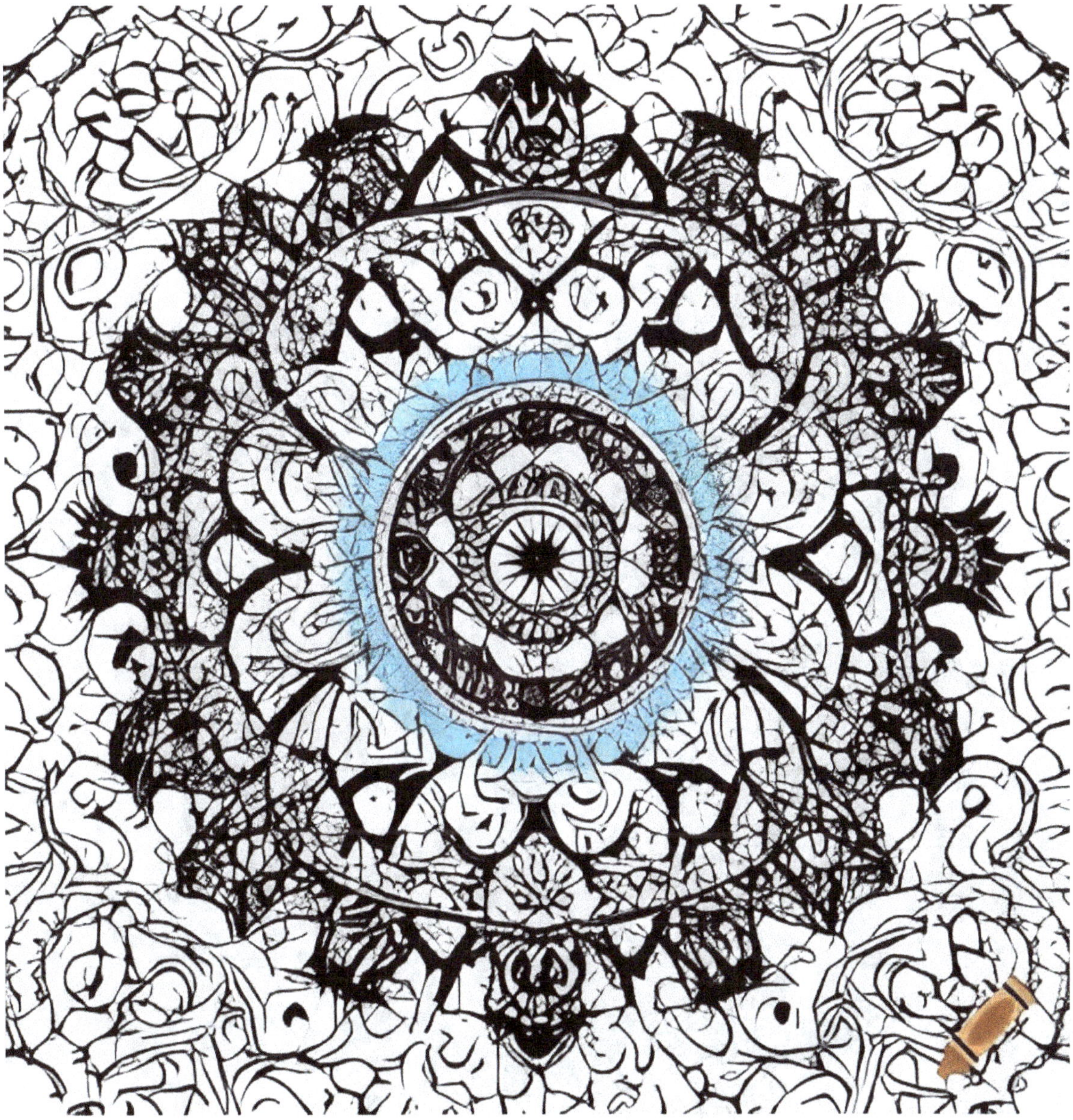

Si no cambiamos de dirección, podemos terminar donde empezamos.

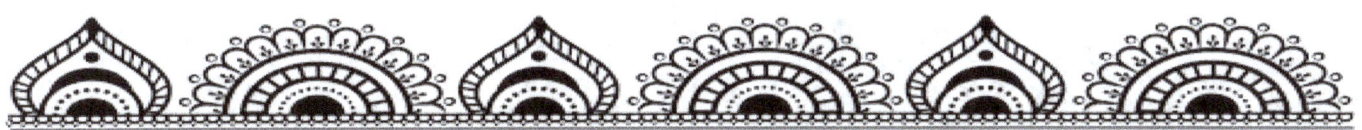

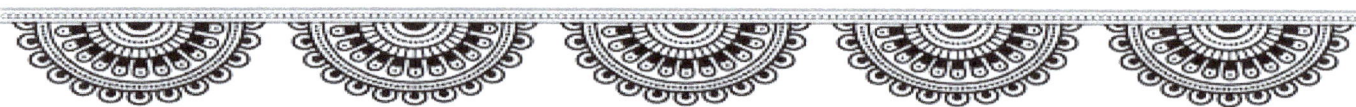

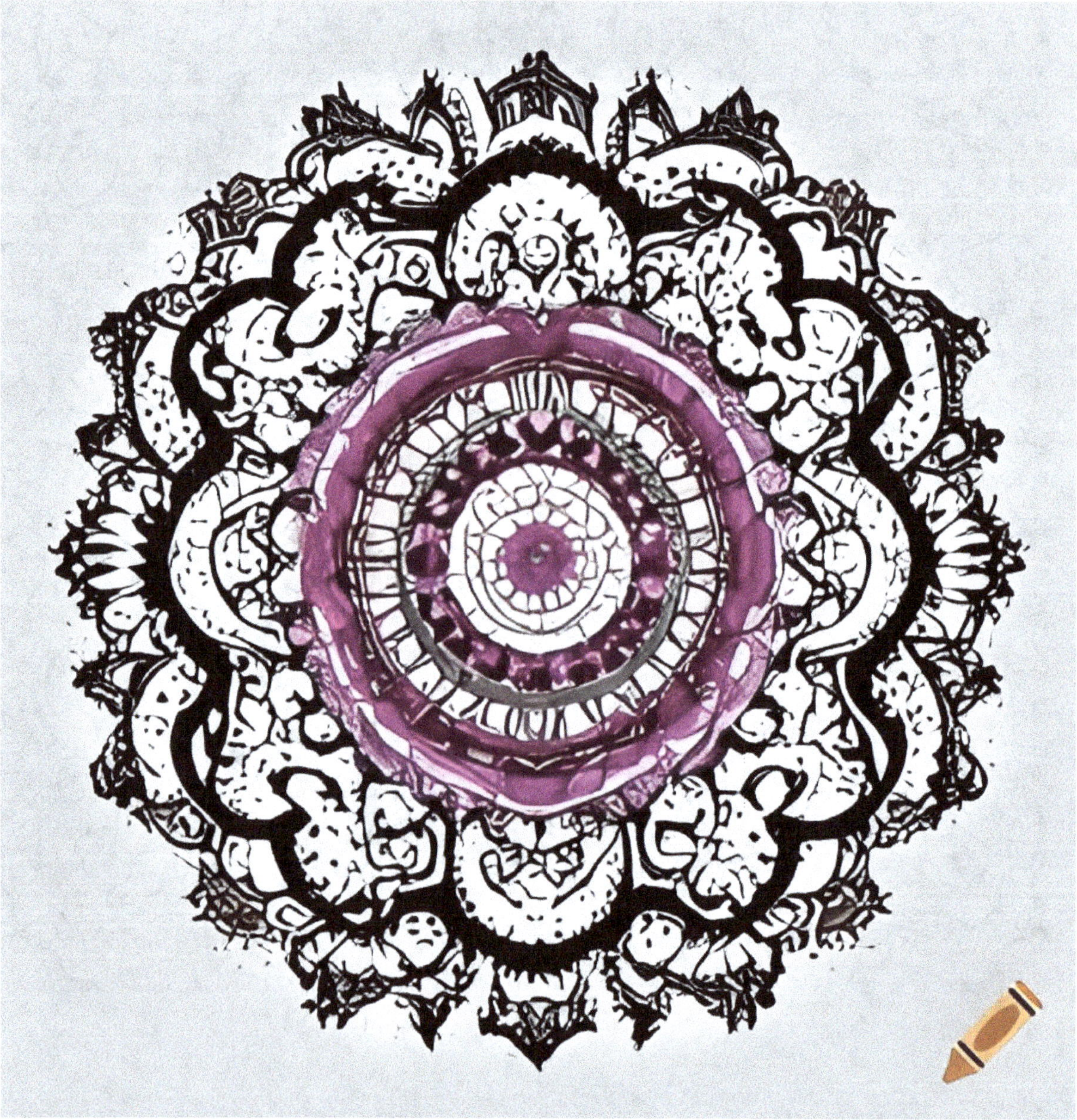

El dolor es real, el sufrimiento es opcional.

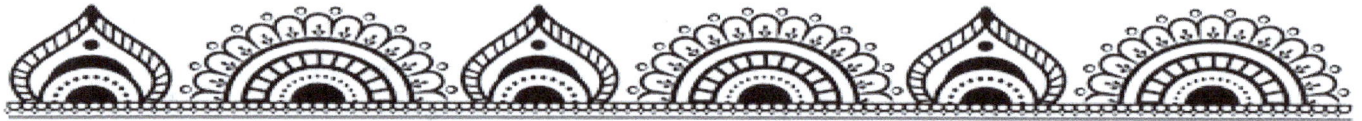

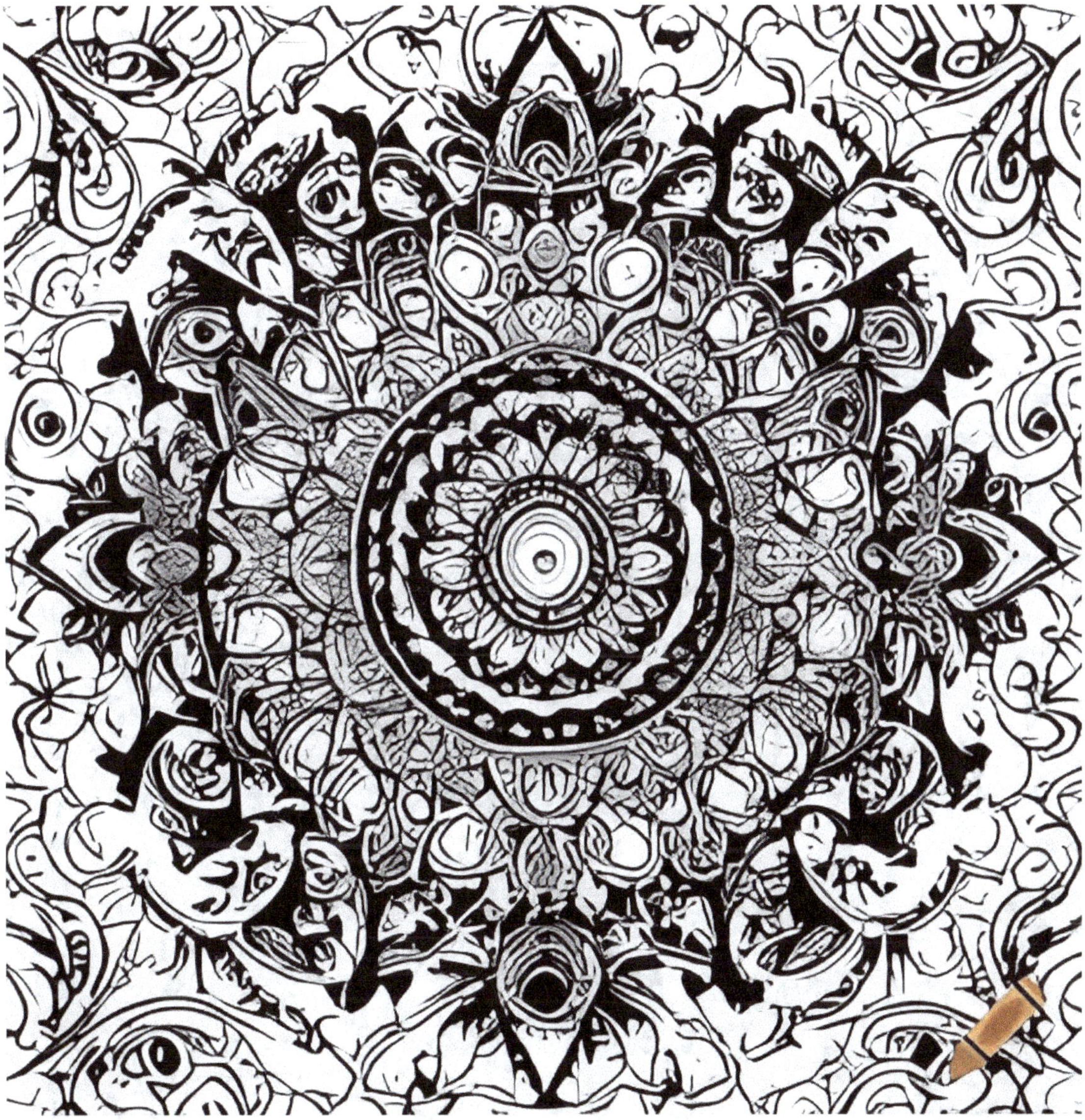

Mejor que mil palabras vacías, una palabra que traiga paz.

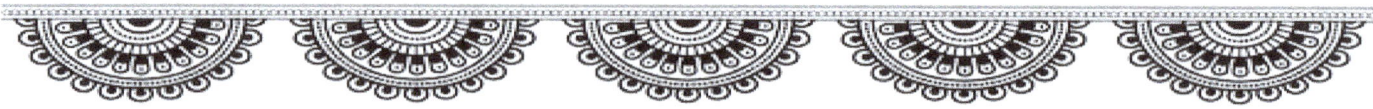

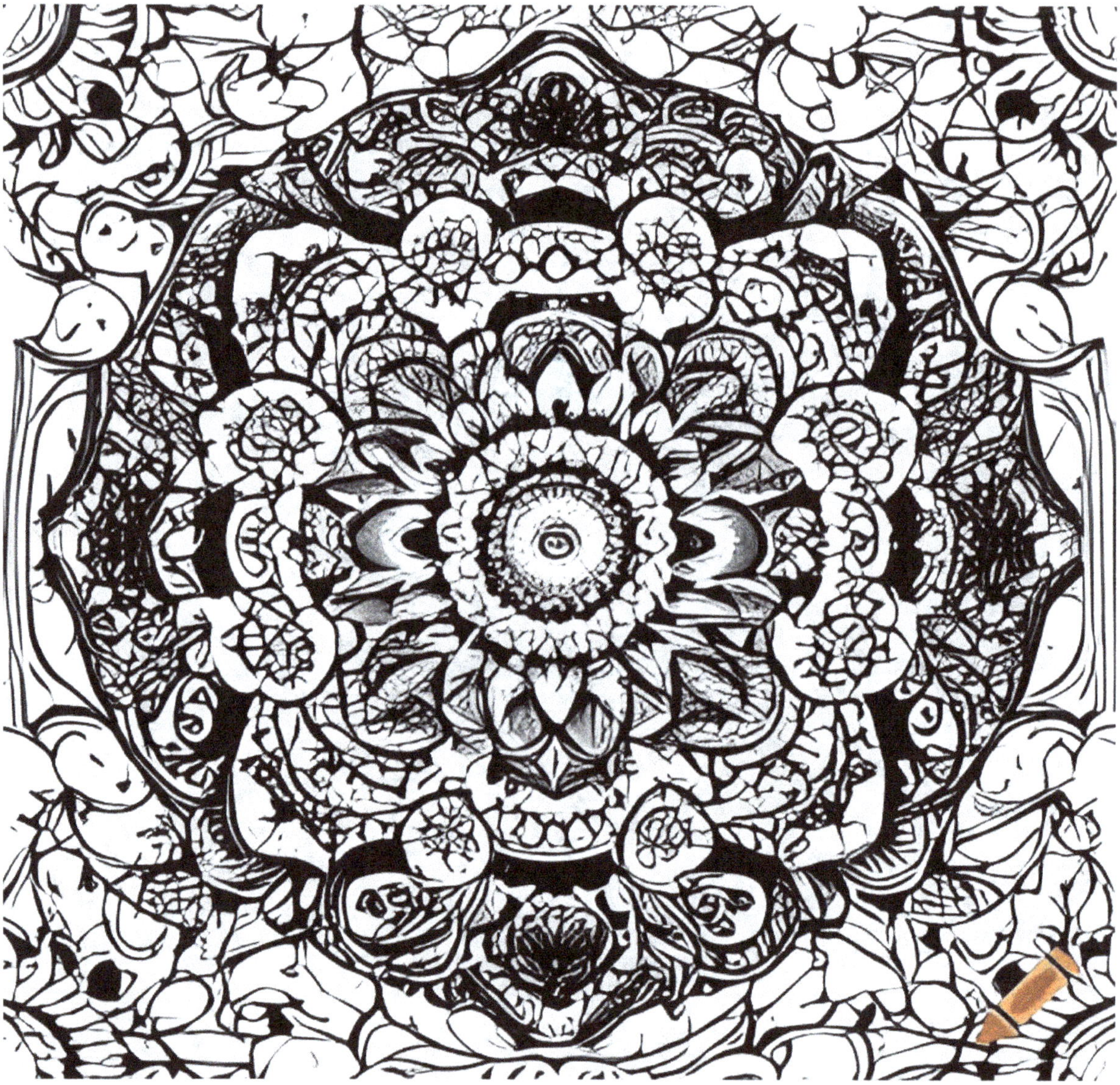

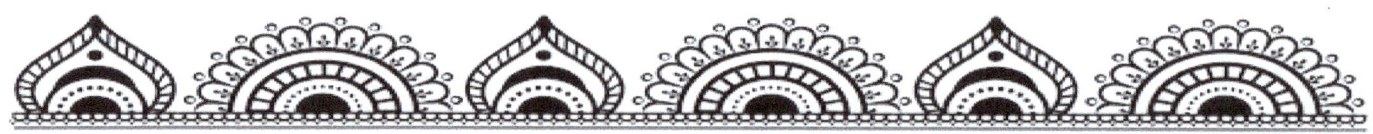

Conquista al enojado no enojándote; conquista a los malos con bondad; conquista al tacaño con generosidad, y al mentiroso diciendo la verdad.

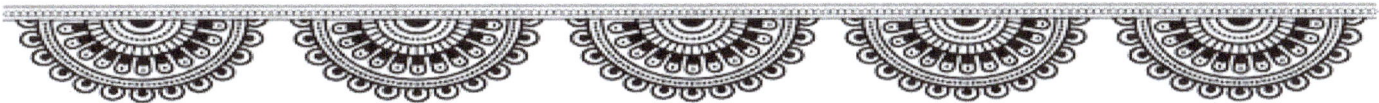

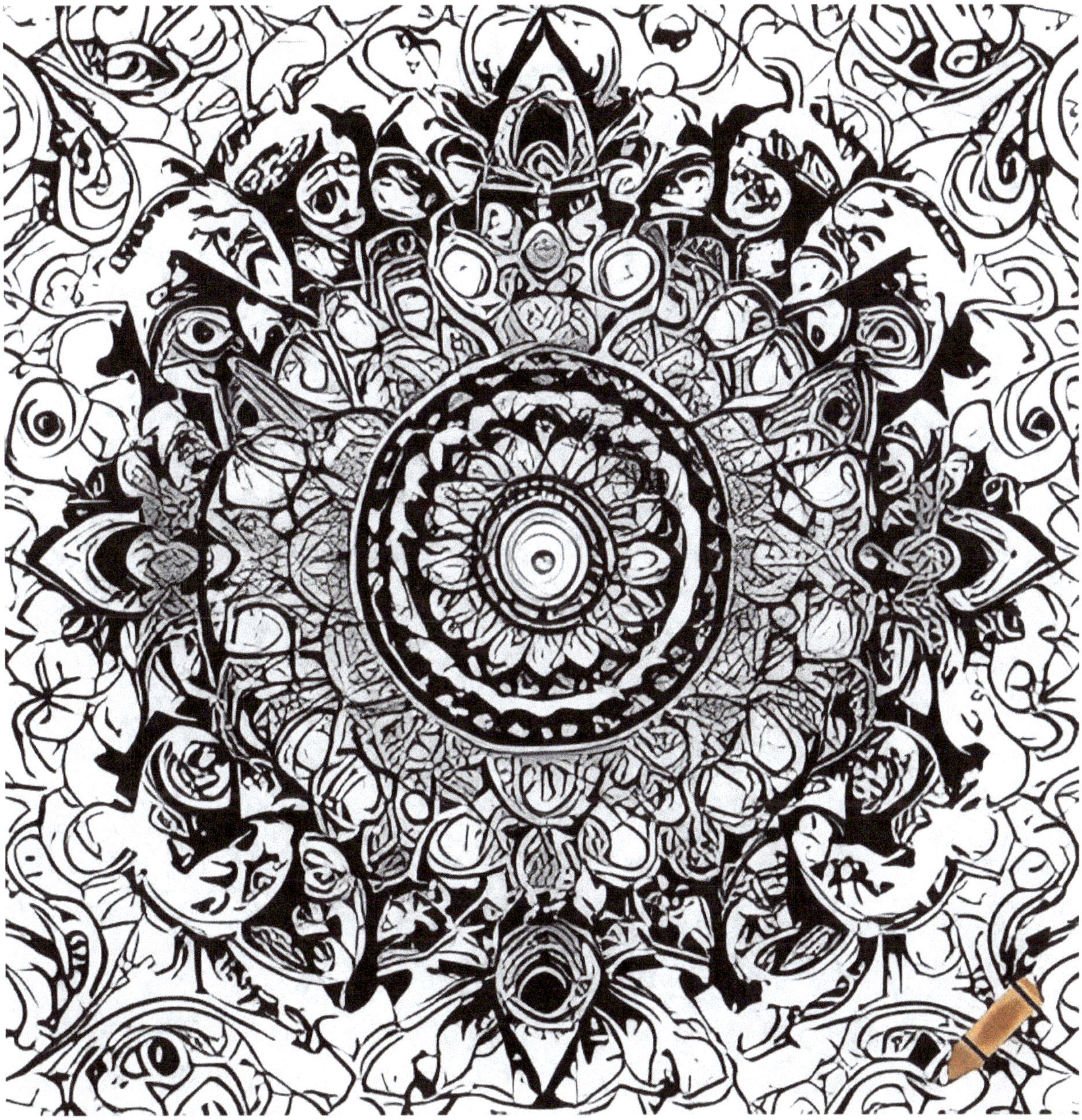

La lengua es como un cuchillo afilado... mata sin que brote la sangre.

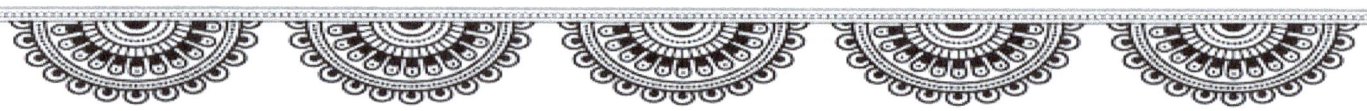

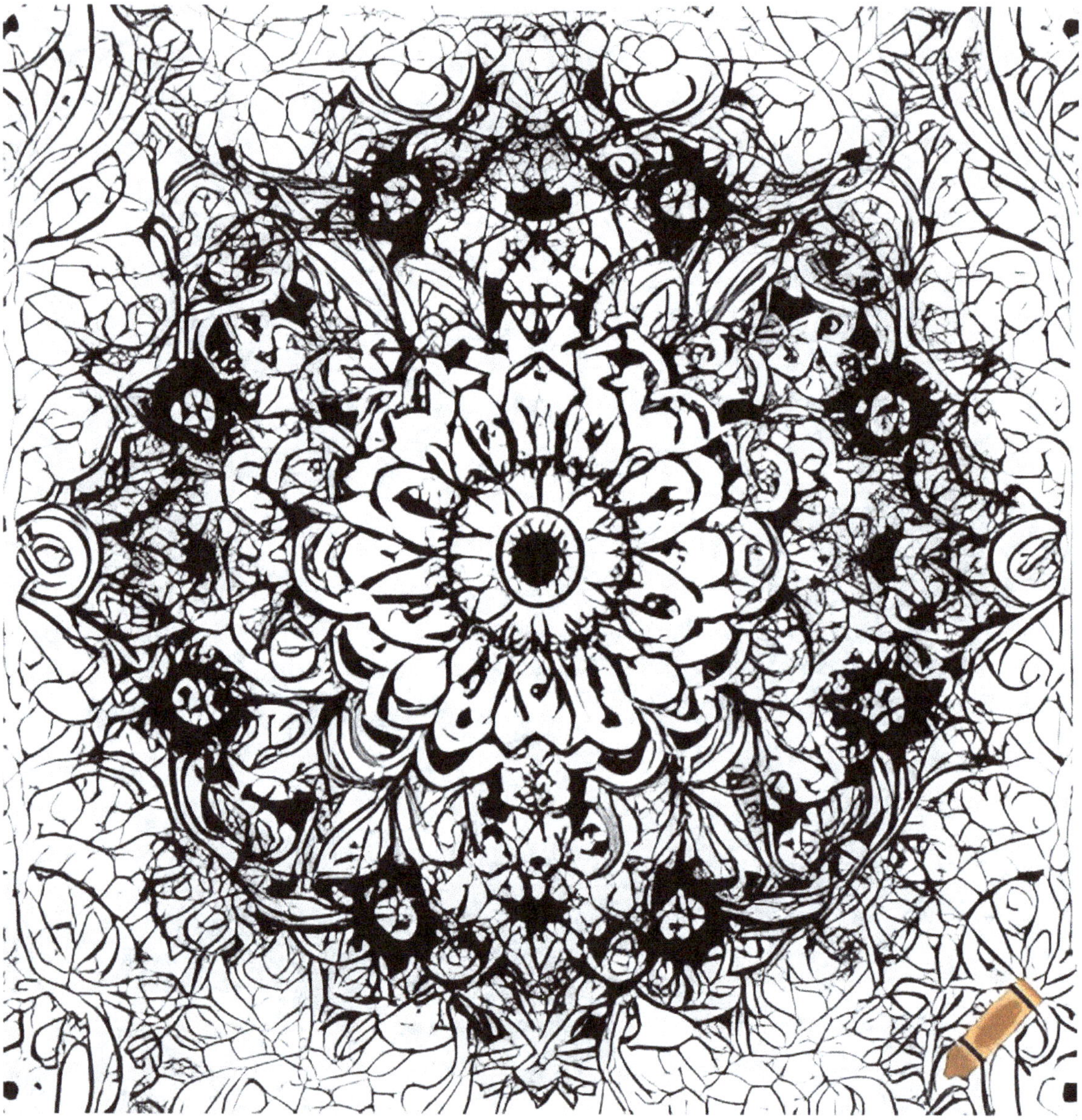

Al igual que una serpiente cambia de piel, debemos abandonar nuestro pasado una y otra vez.

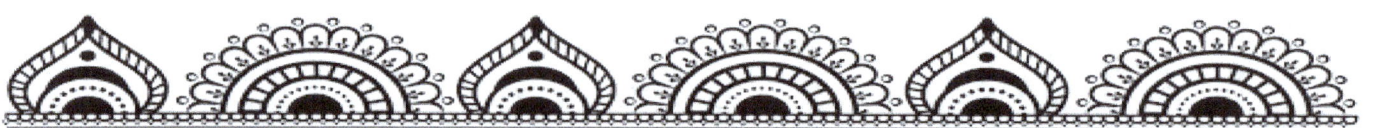

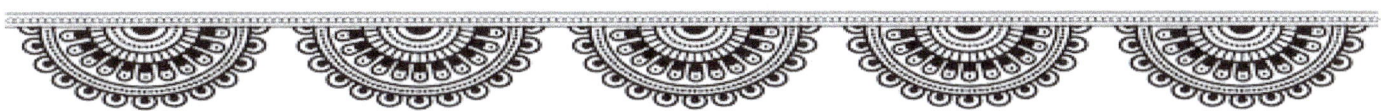

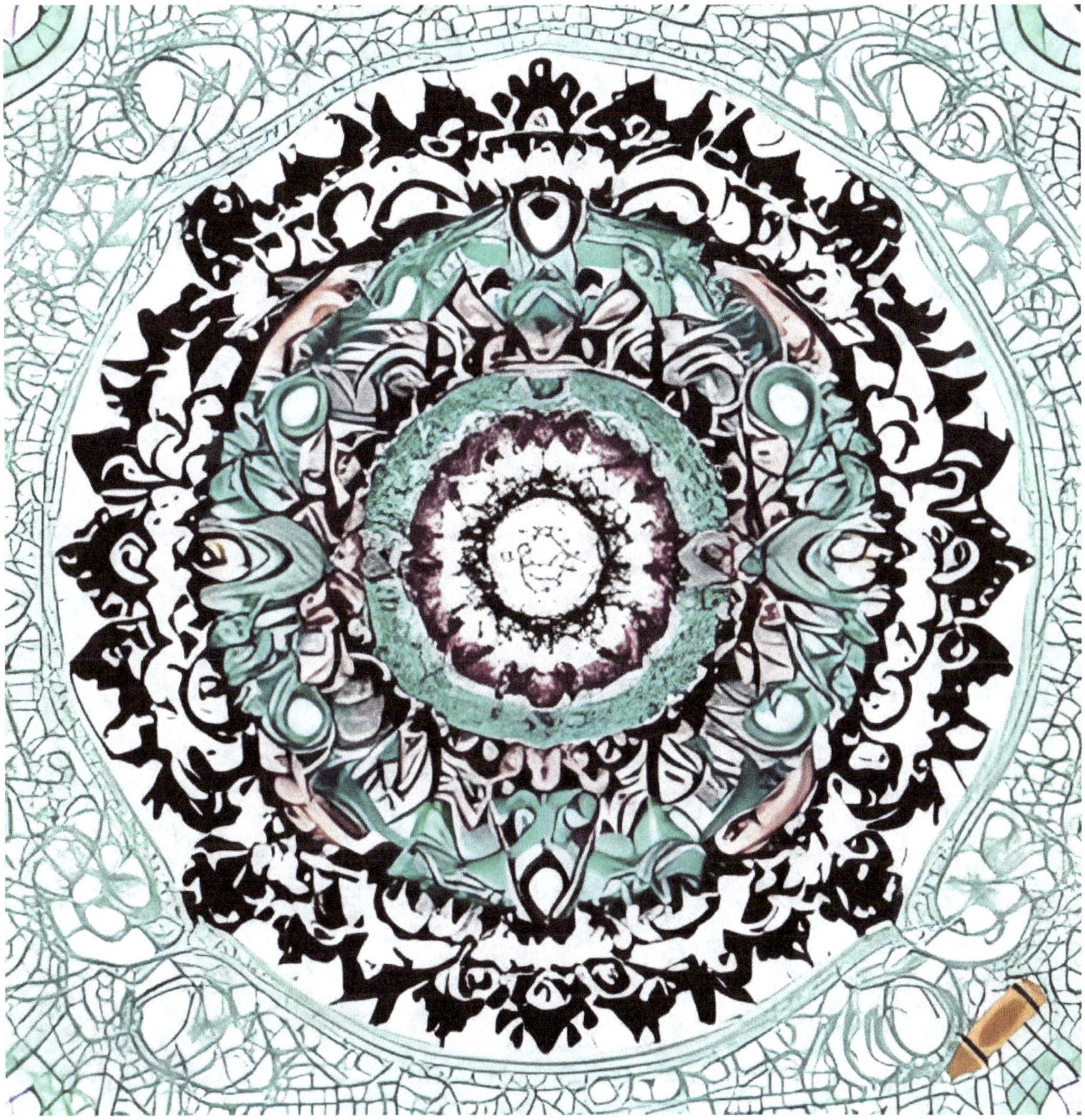

La bondad debe convertirse en nuestra forma natural de vida, no en la excepción.

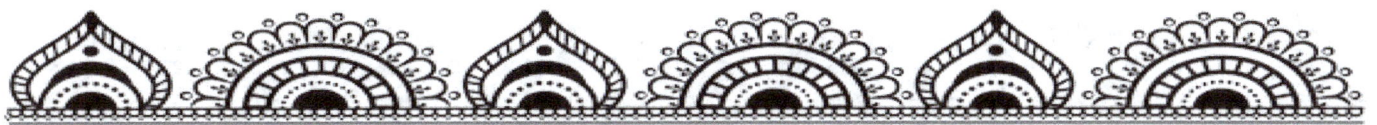

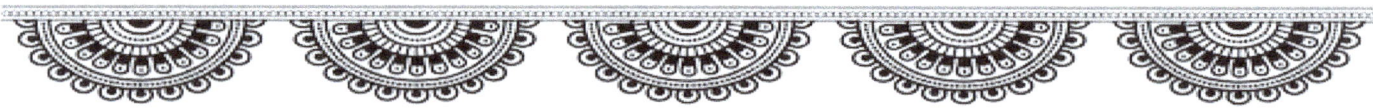

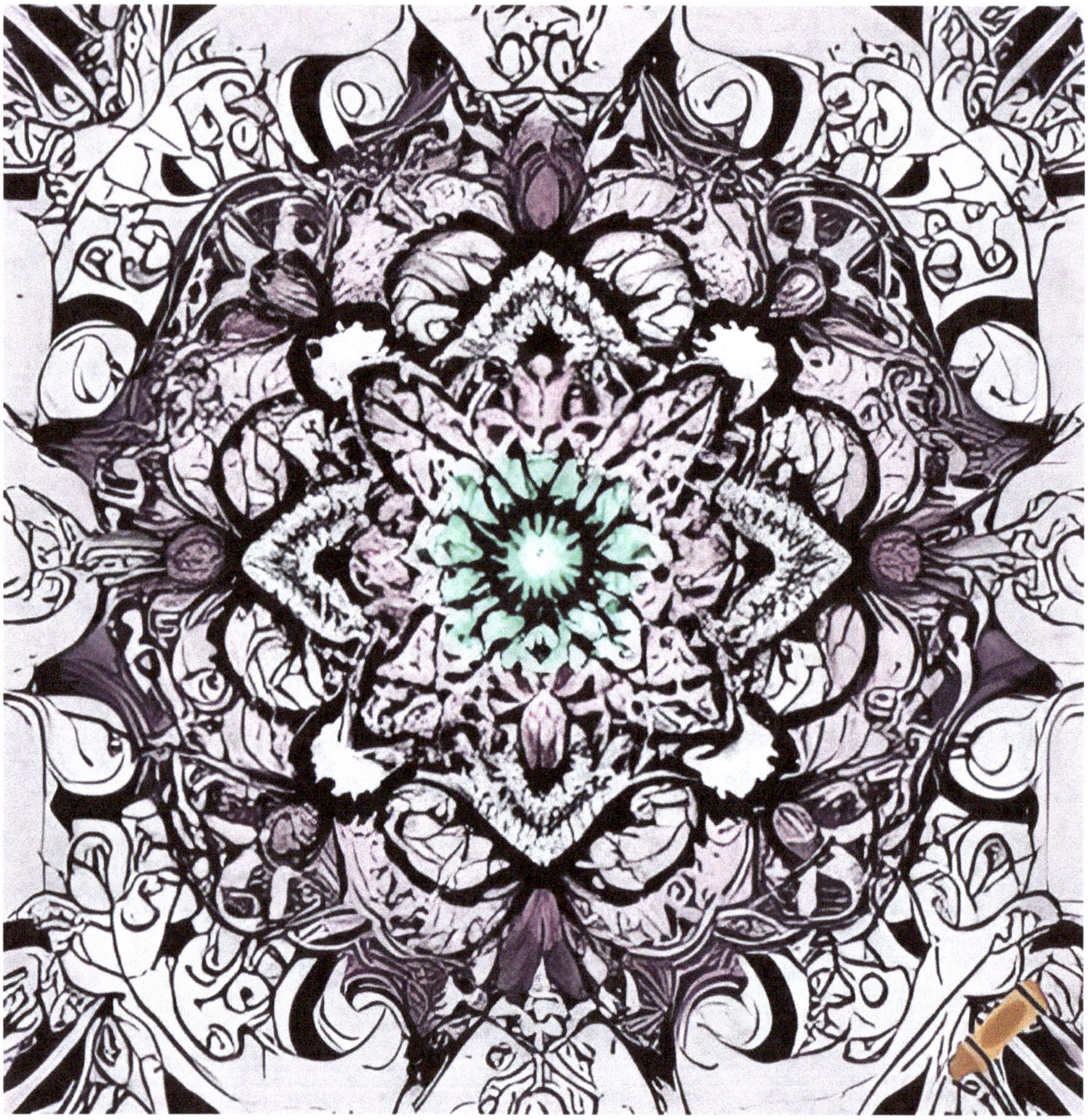

No hay nada más terrible que el hábito de la duda. La duda separa a las personas. Es un veneno que se desintegra amistades y rompe las relaciones agradables.

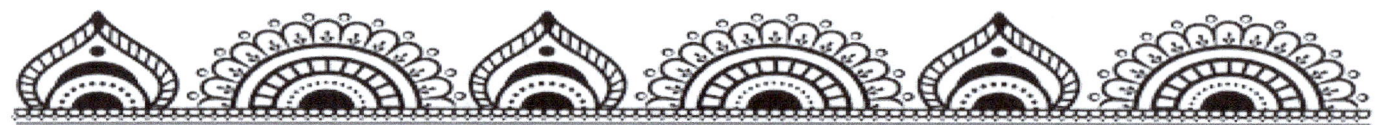

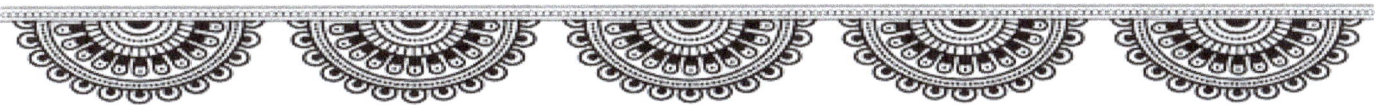

Es una espina que irrita y daña; es una espada que mata.

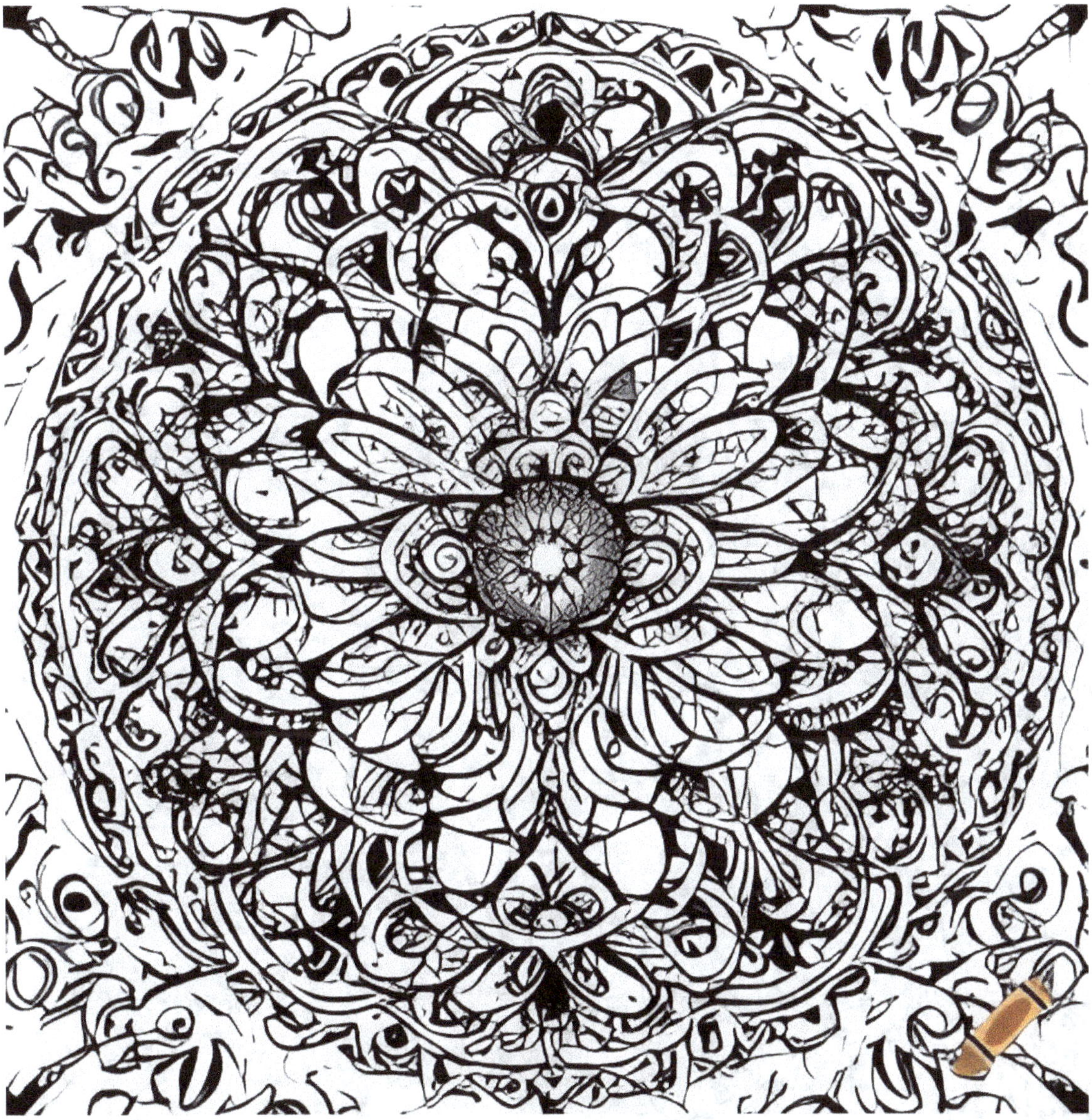

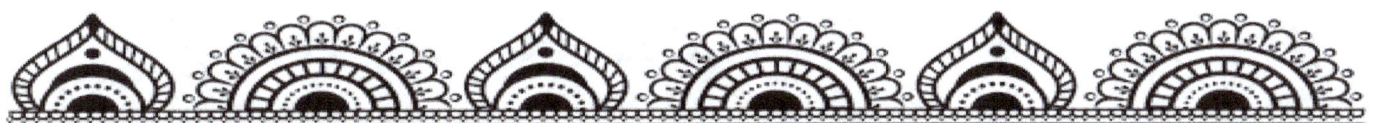

Cada mañana nacemos de nuevo. Lo que hacemos hoy es lo que más importa.

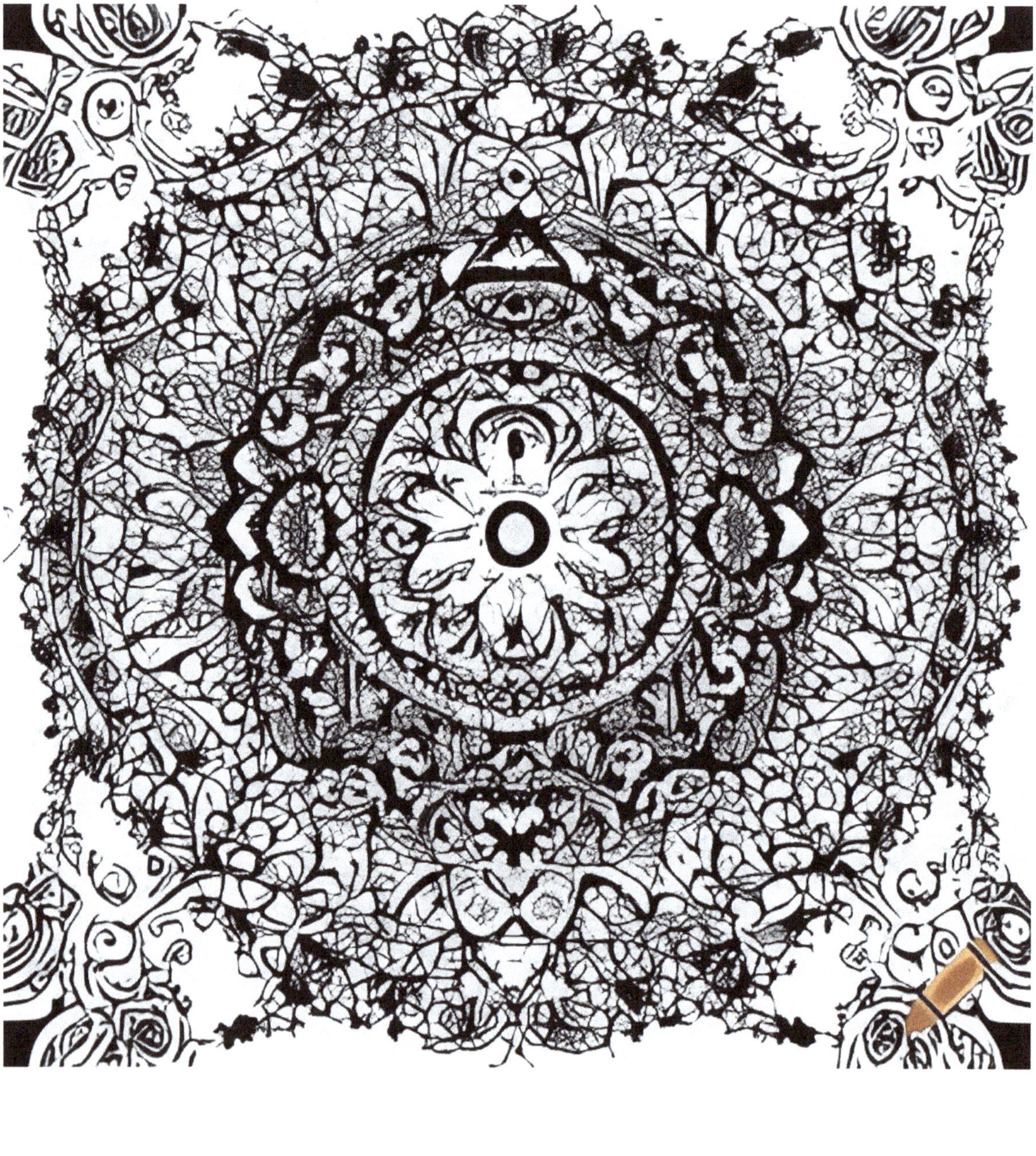

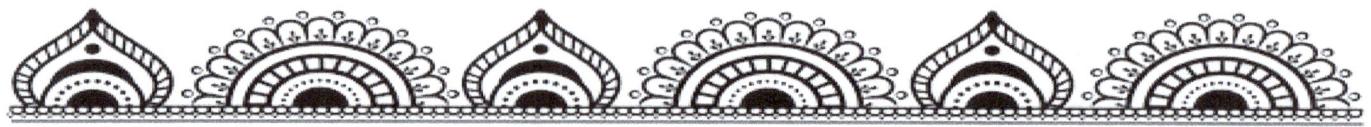

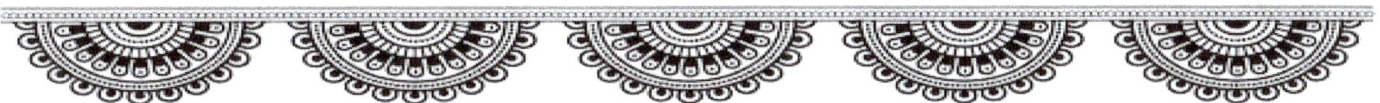

No hay un camino a la felicidad: la felicidad es el camino.

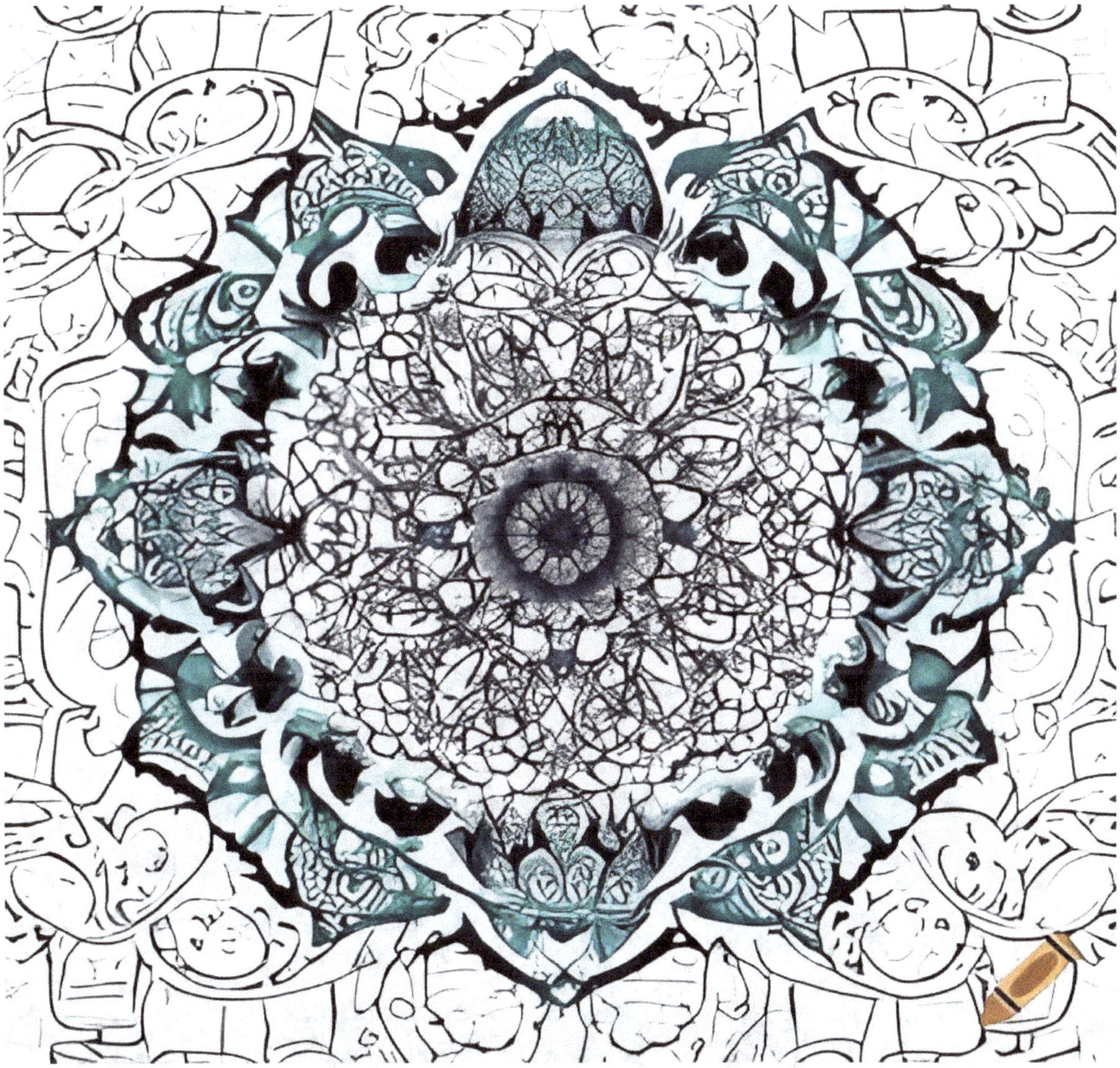

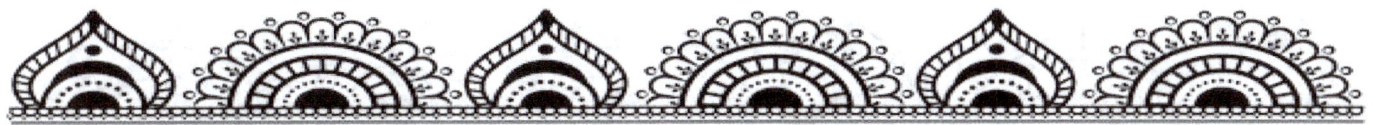

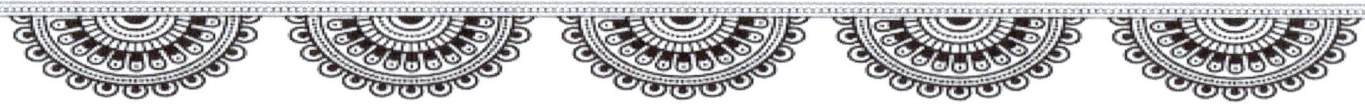

El secreto de la salud para la mente y el cuerpo no es parar a llorar por el pasado, ni preocuparse por el futuro, sino vivir el momento presente con prudencia y serenidad.

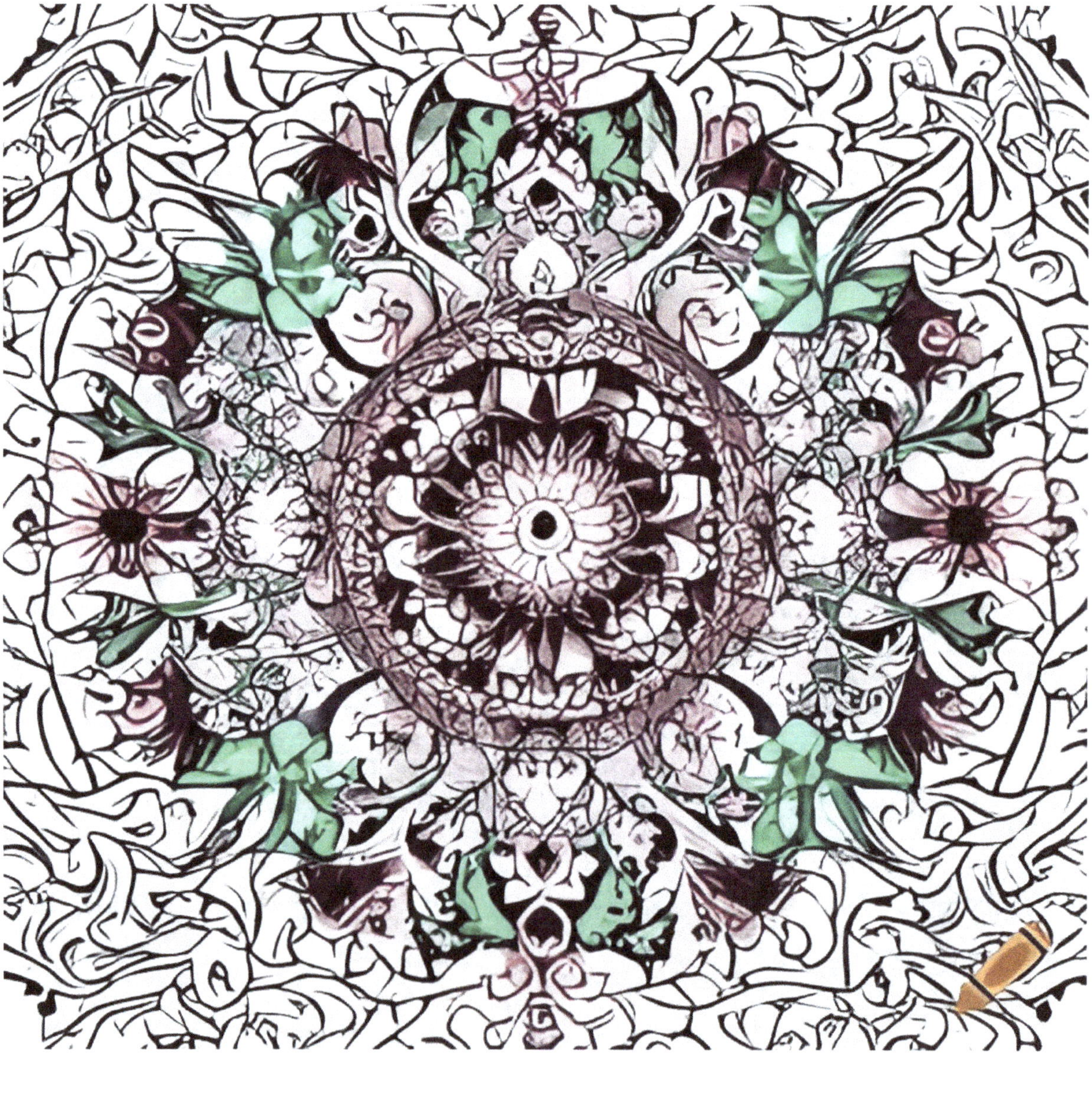

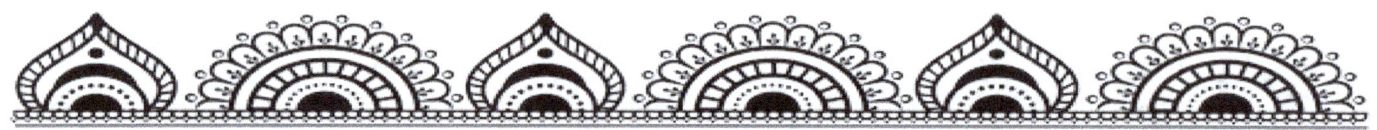

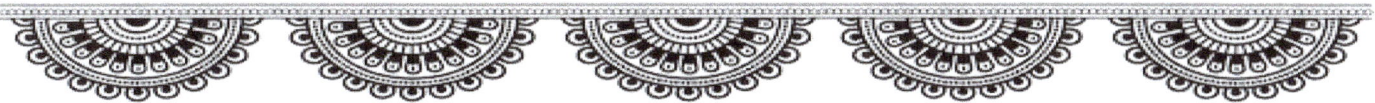

No creas nada, no importa donde lo leas o quien lo dijo, no importa si lo he dicho yo, a no ser que esté de acuerdo con tu propia razón y sentido común.

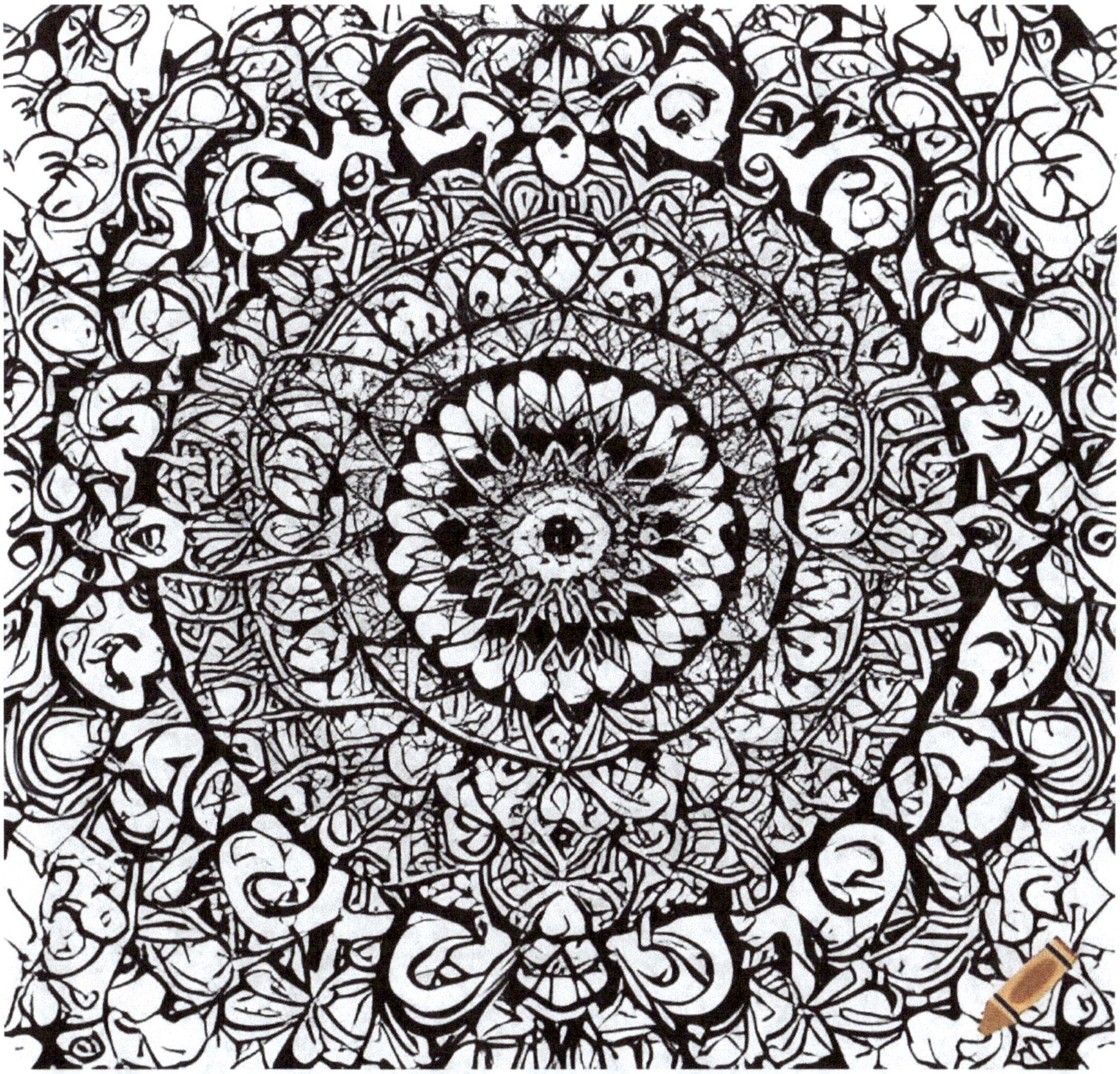

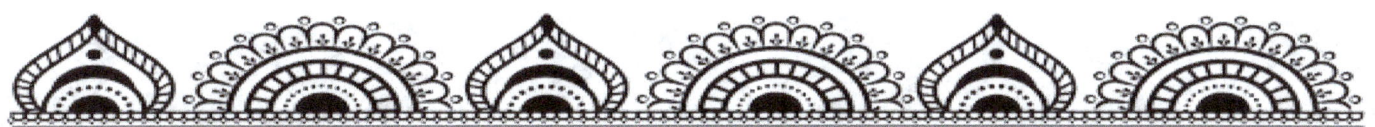

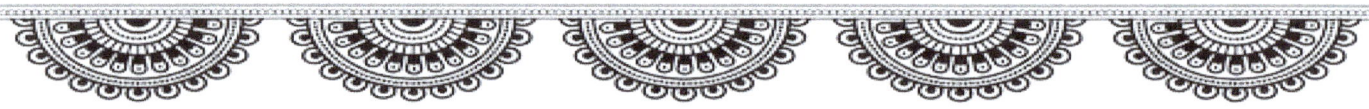

Sólo hay dos errores que se comenten en el camino a la verdad: No empezar y no llegar hasta el final.

Un momento puede cambiar un día, un día puede cambiar una vida y una vida puede cambiar el mundo.

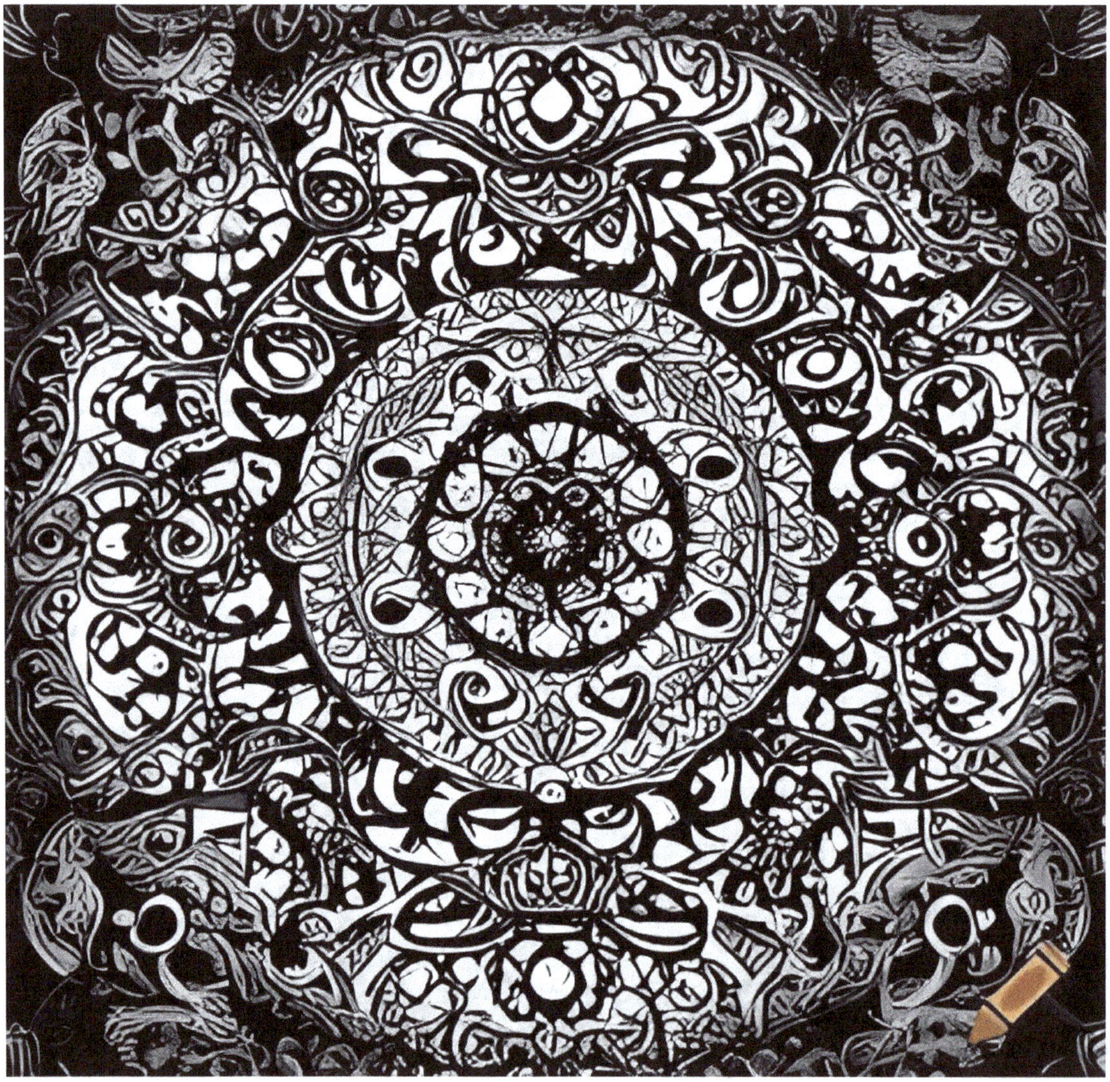

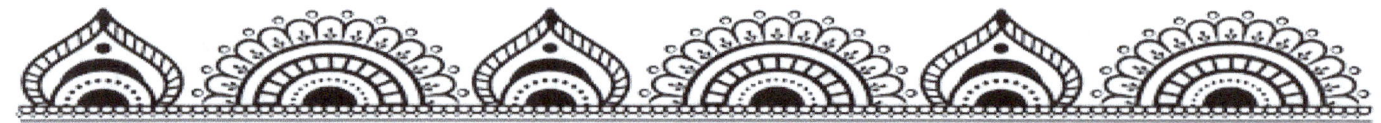

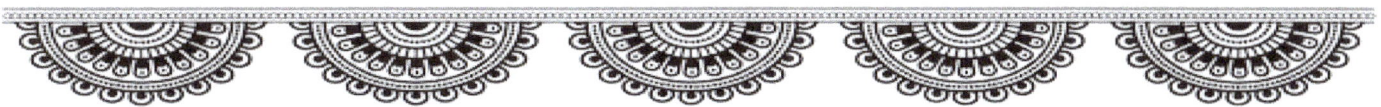

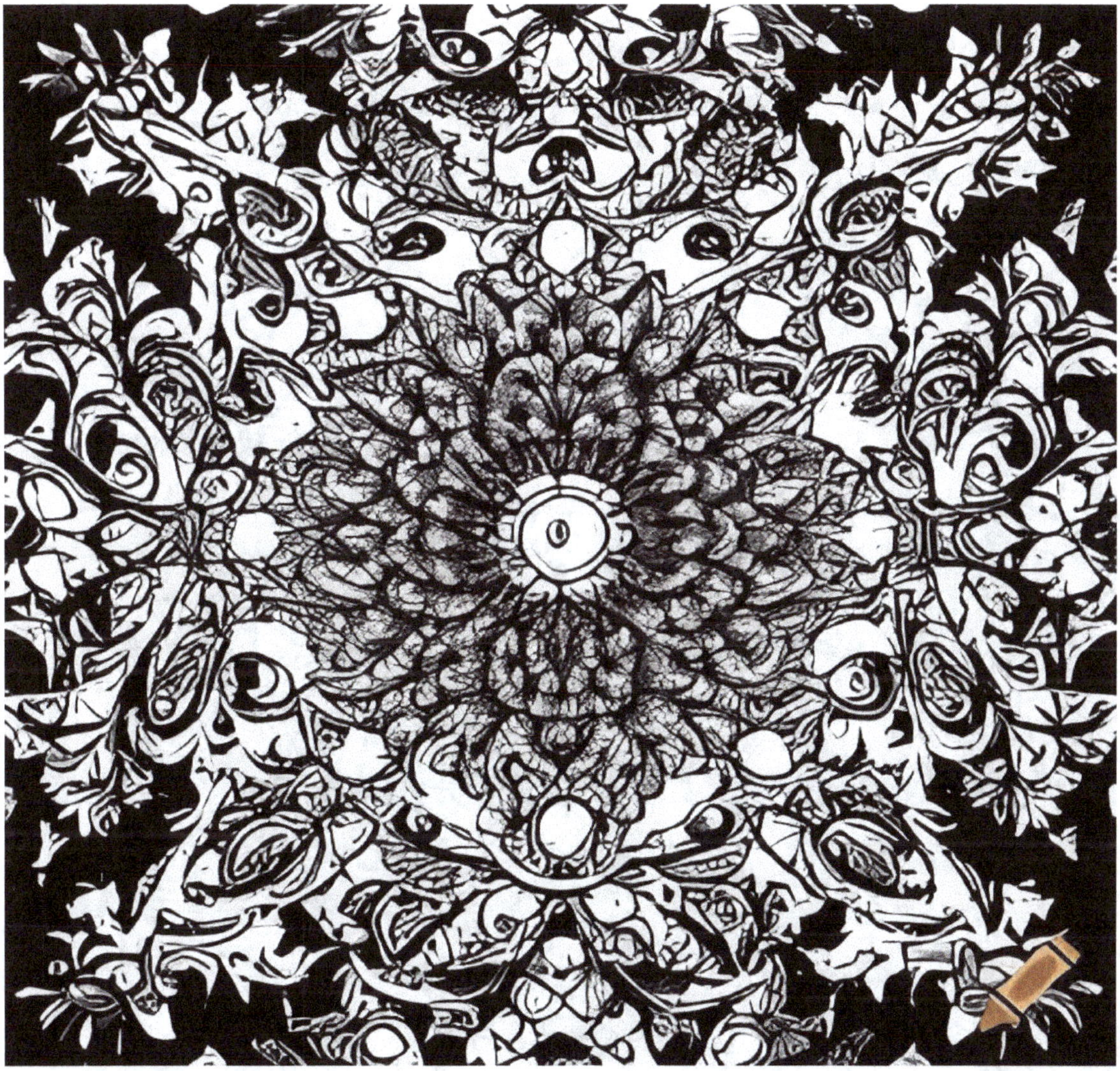

Cuando tú me lanzas espinas, cayendo en mi silencio se convierten en flores.

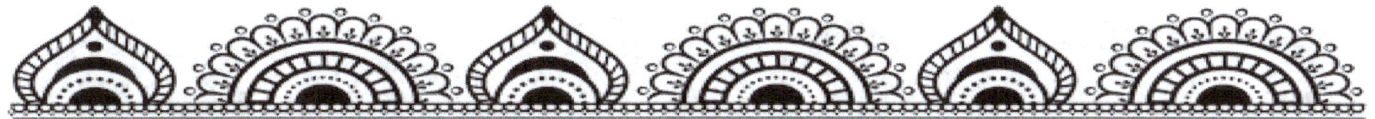

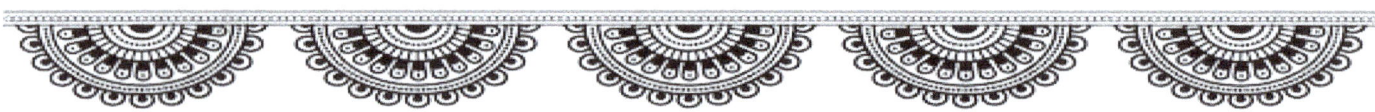

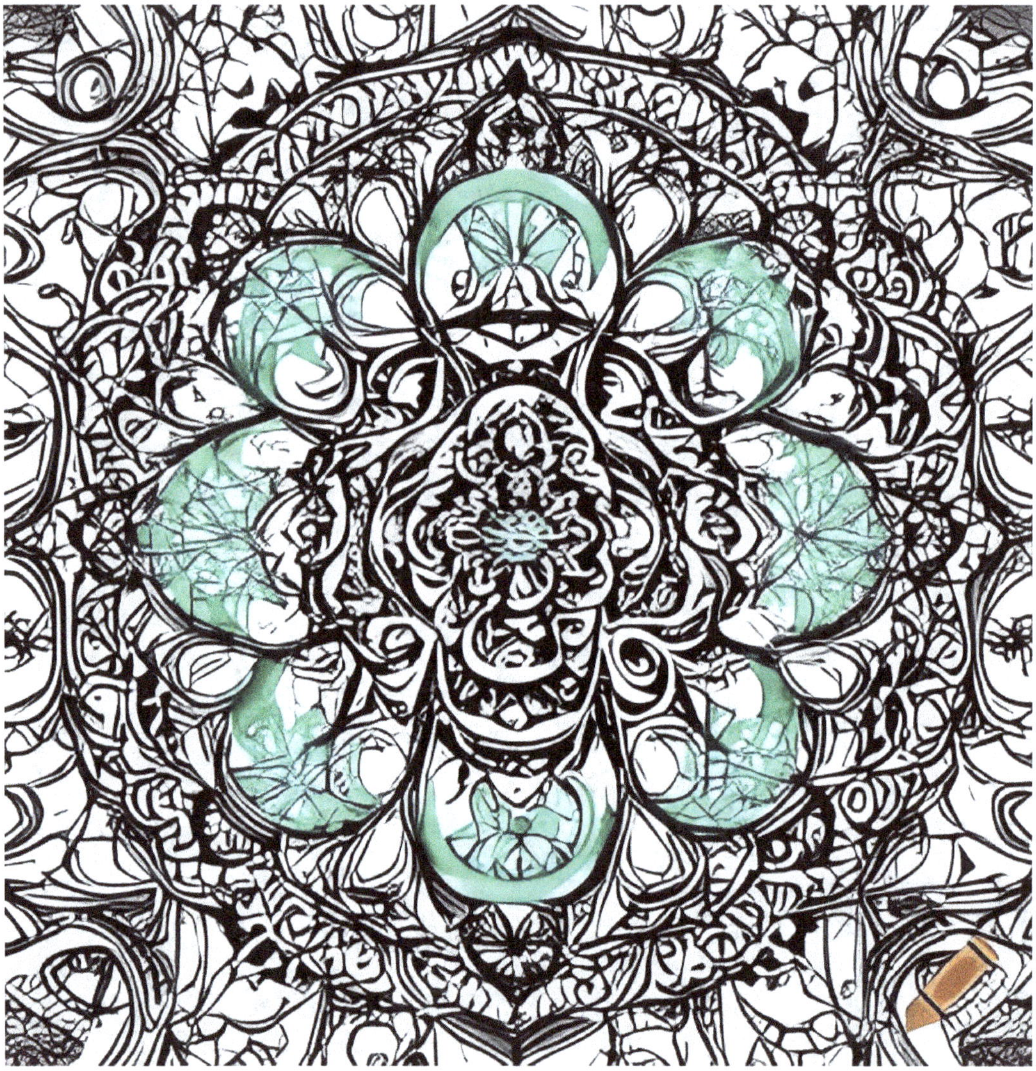

Lo que eres es lo que has sido. Lo que serás es lo que haces a partir de ahora.

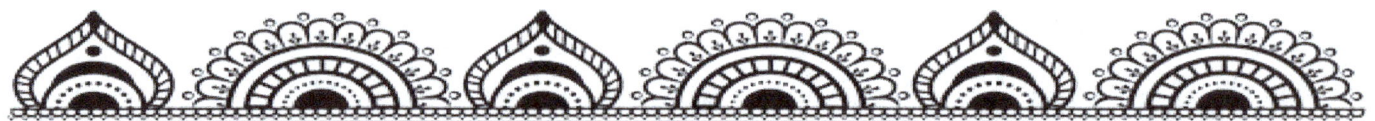

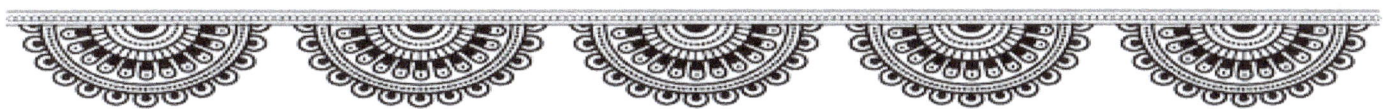

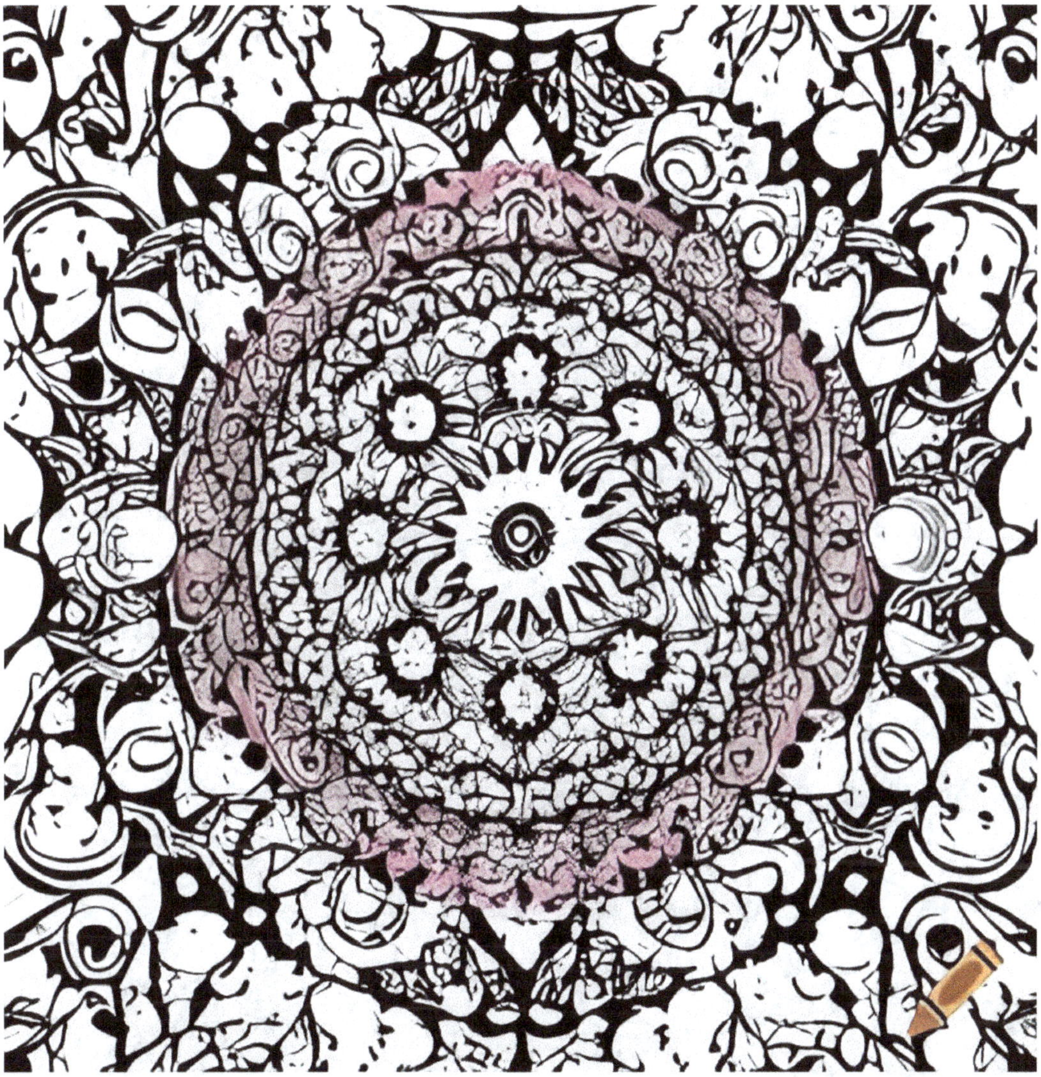

Si tu compasión no te incluye a ti mismo, es incompleta.

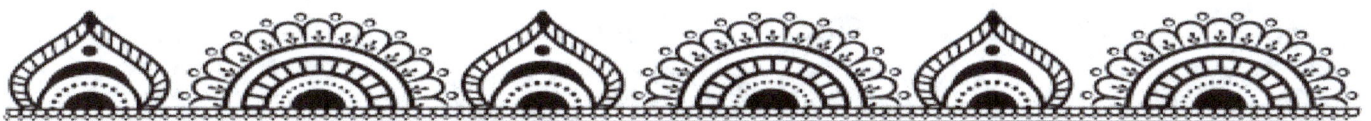

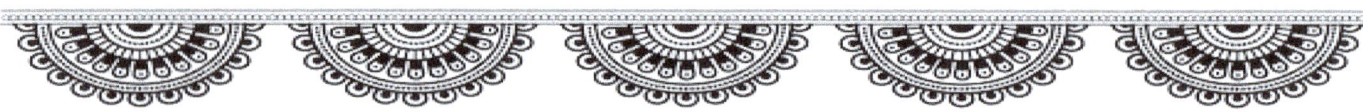

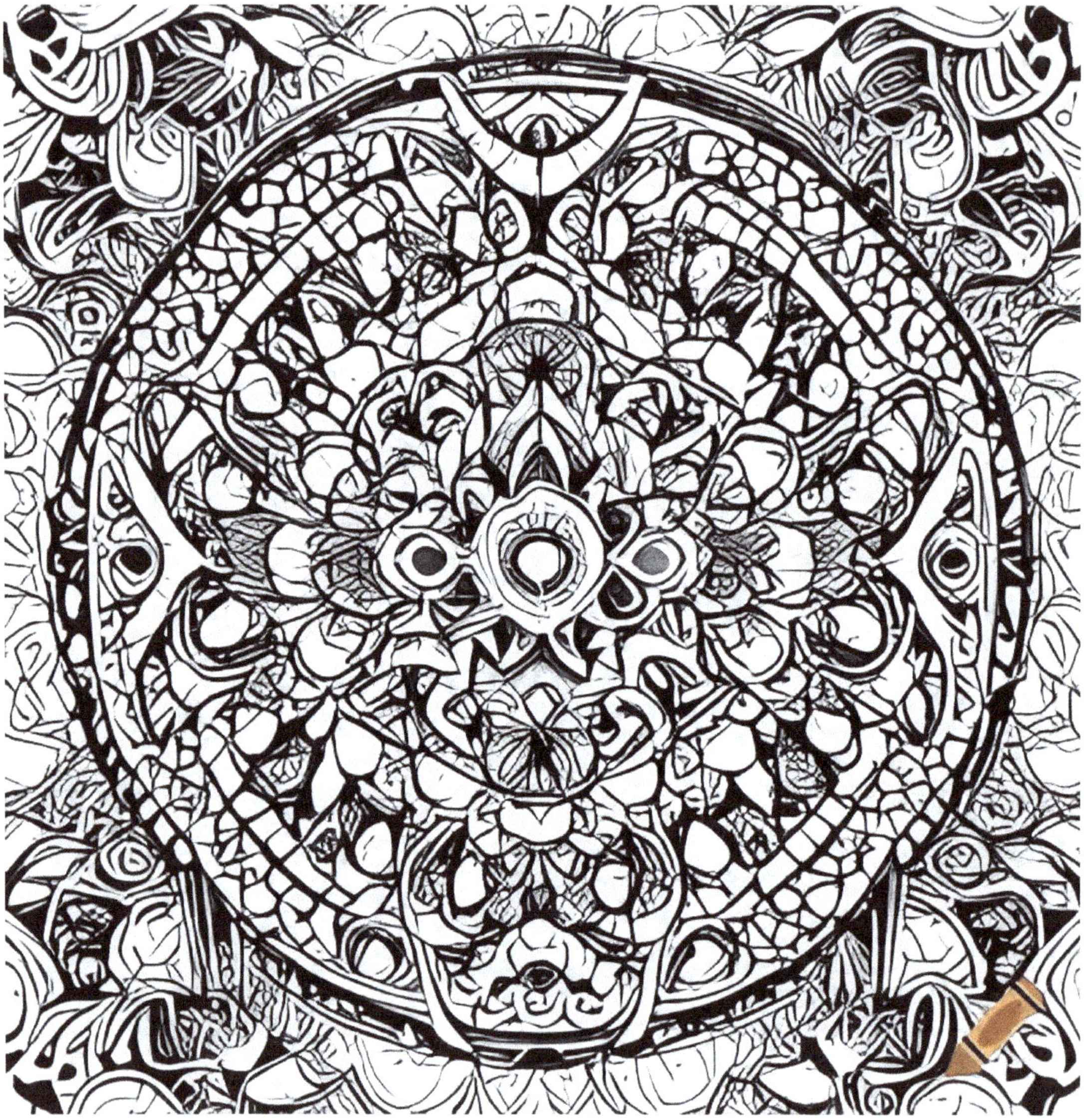

El apego lleva al sufrimiento

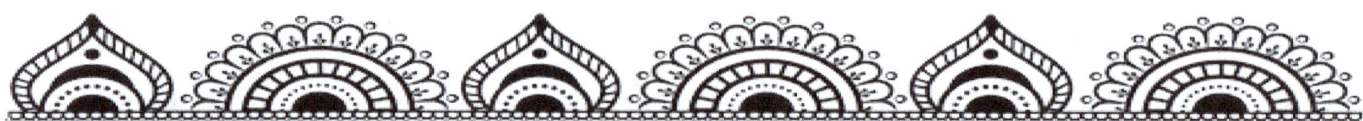

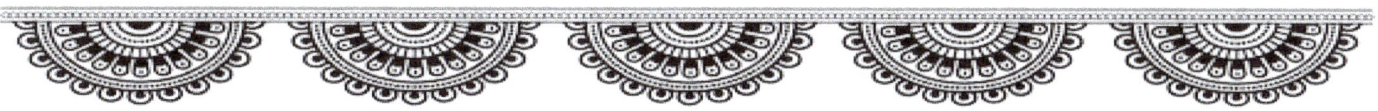

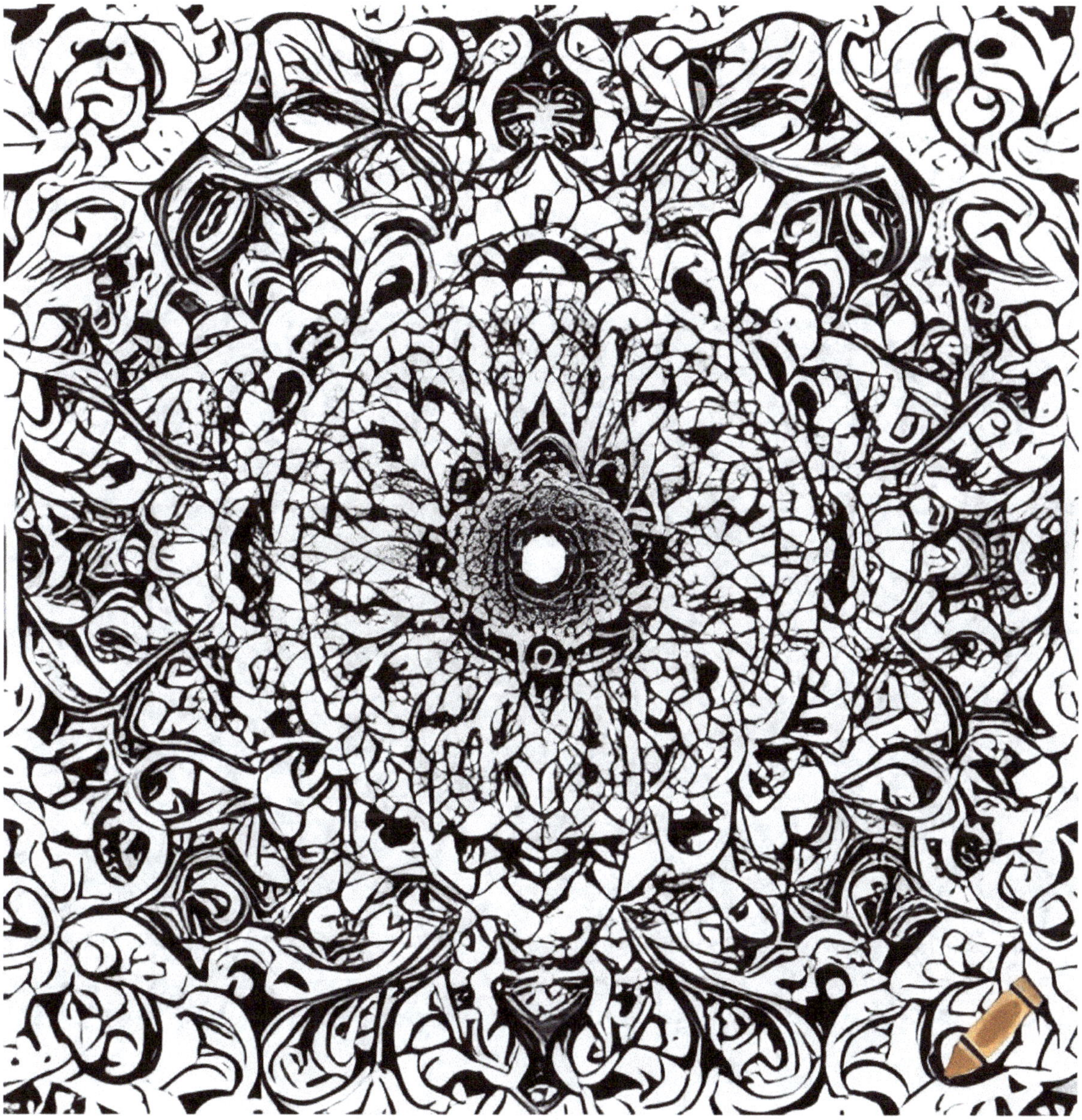

Es la propia mente de un hombre, no su enemigo,
que lo atrae a los malos caminos.

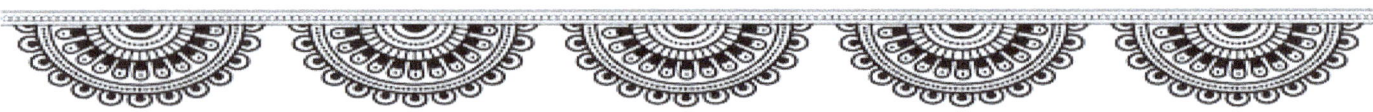

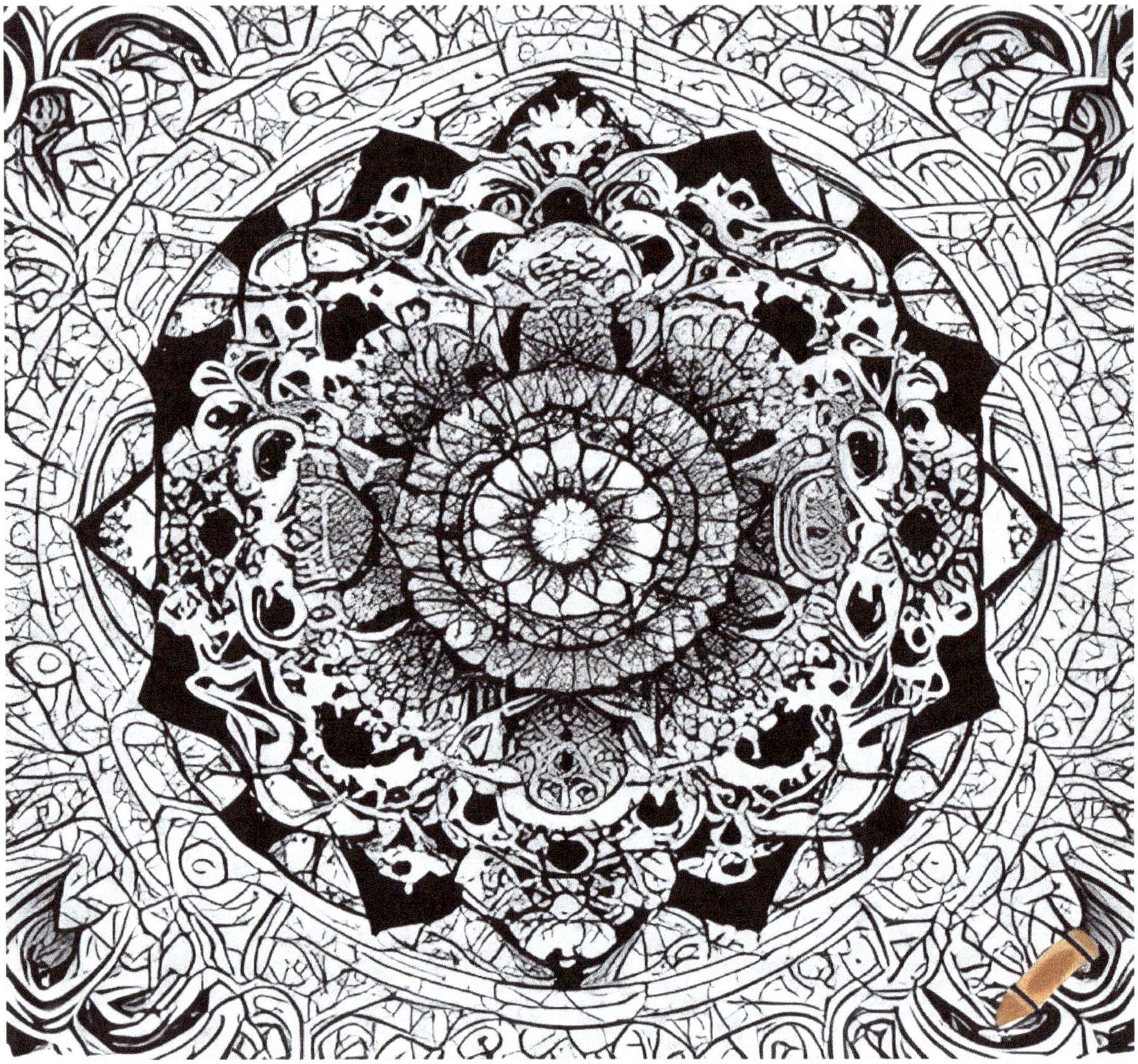

Aquellos que están libres de resentimientos, seguro que encuentran la paz.

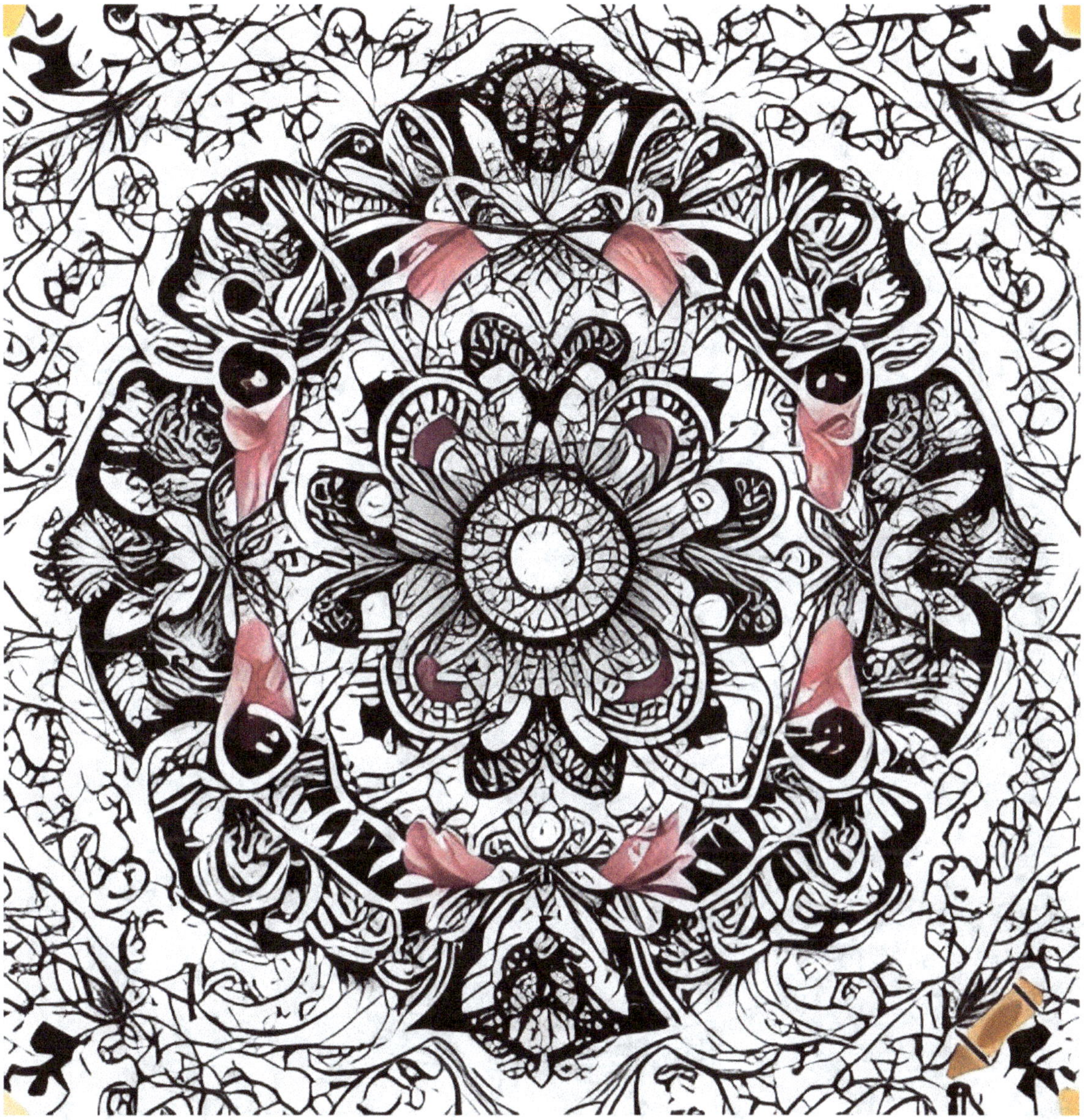

La mayoría de los problemas, si se les da suficiente tiempo y espacio, a la larga se desvanecen.

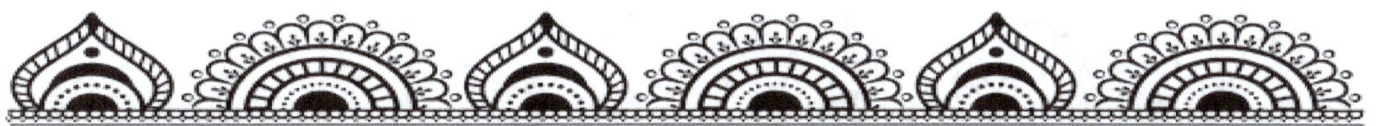

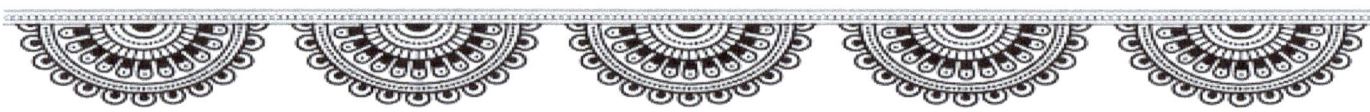

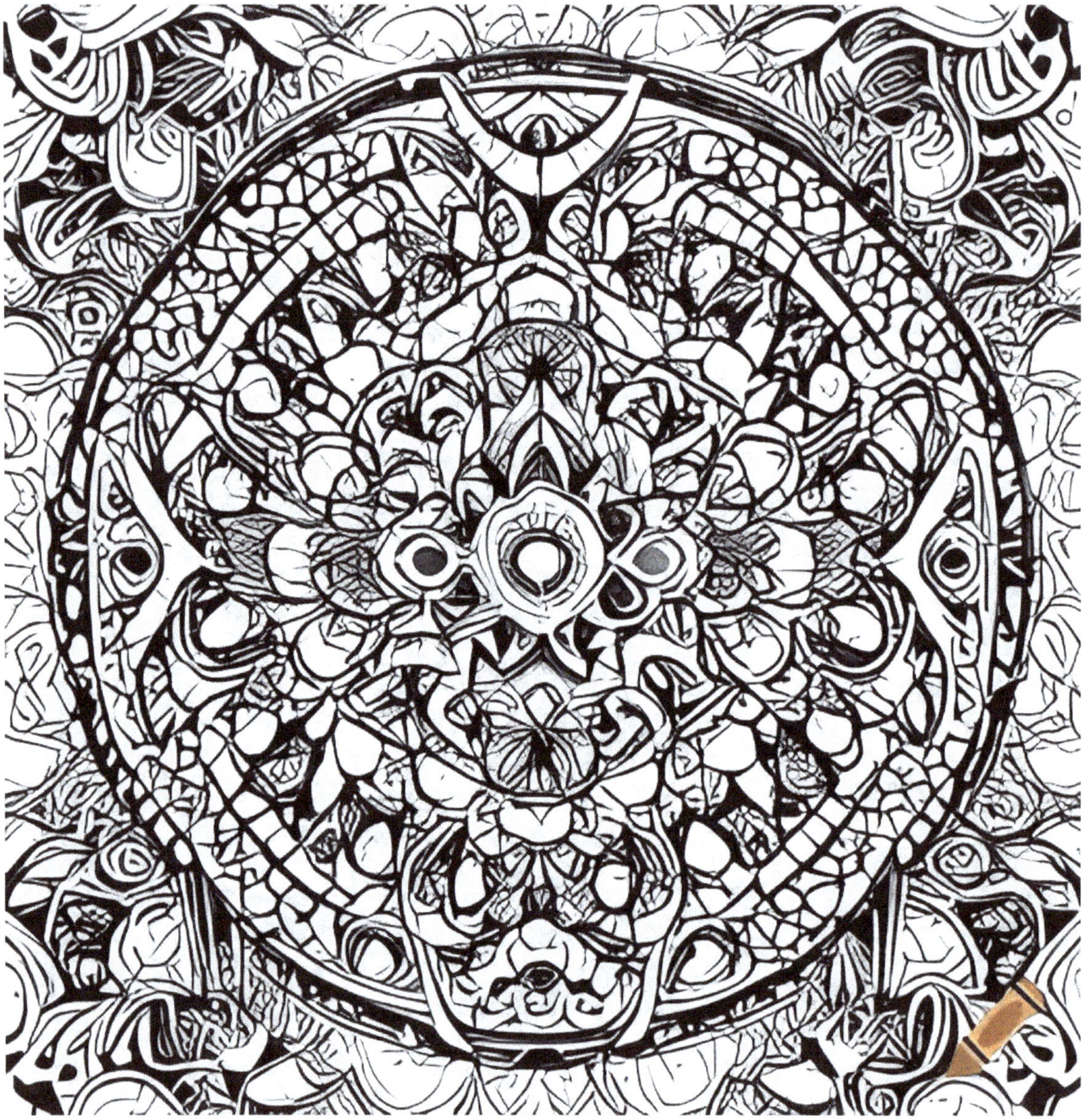

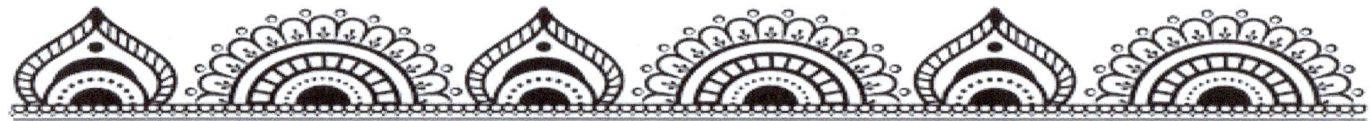

No hay suficiente oscuridad en todo el mundo para apagar la luz de una pequeña vela.

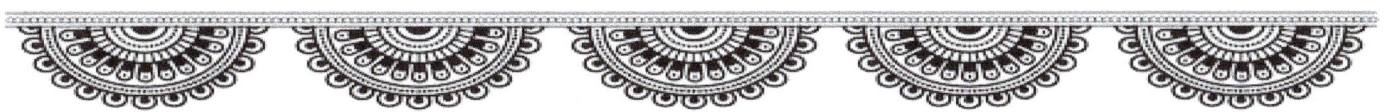

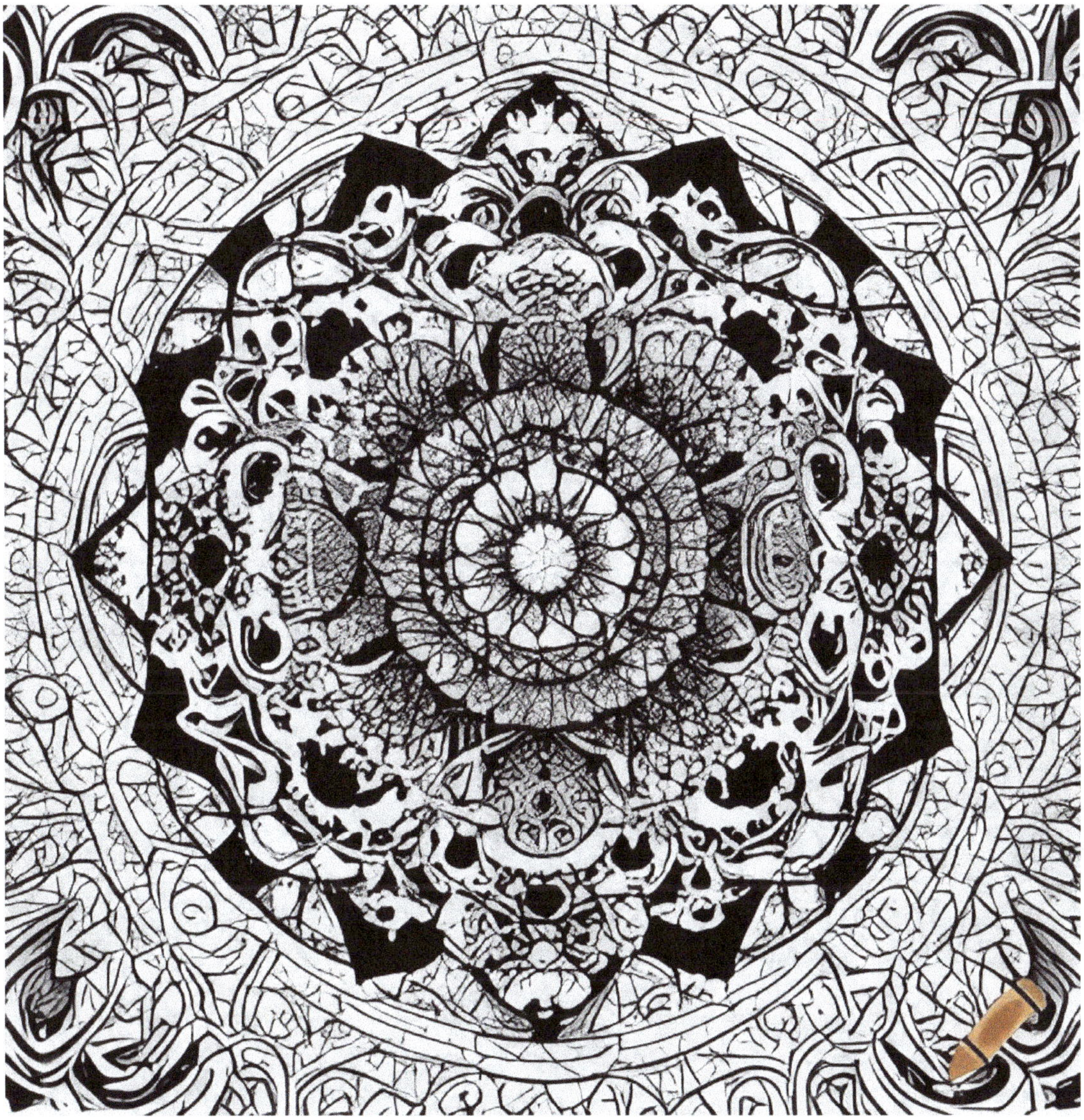

La felicidad es un artículo maravilloso: cuanto más se da, más le queda a uno.

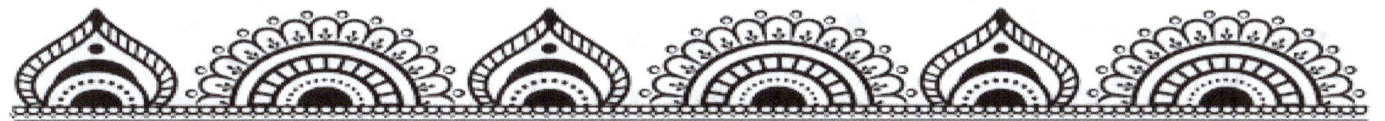

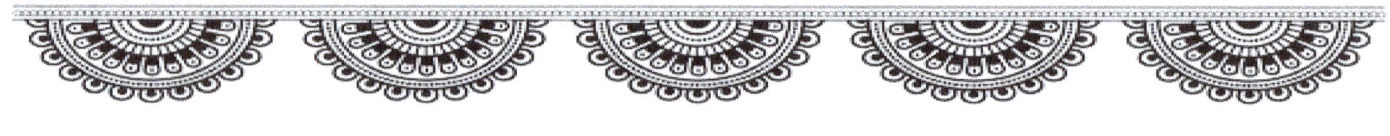

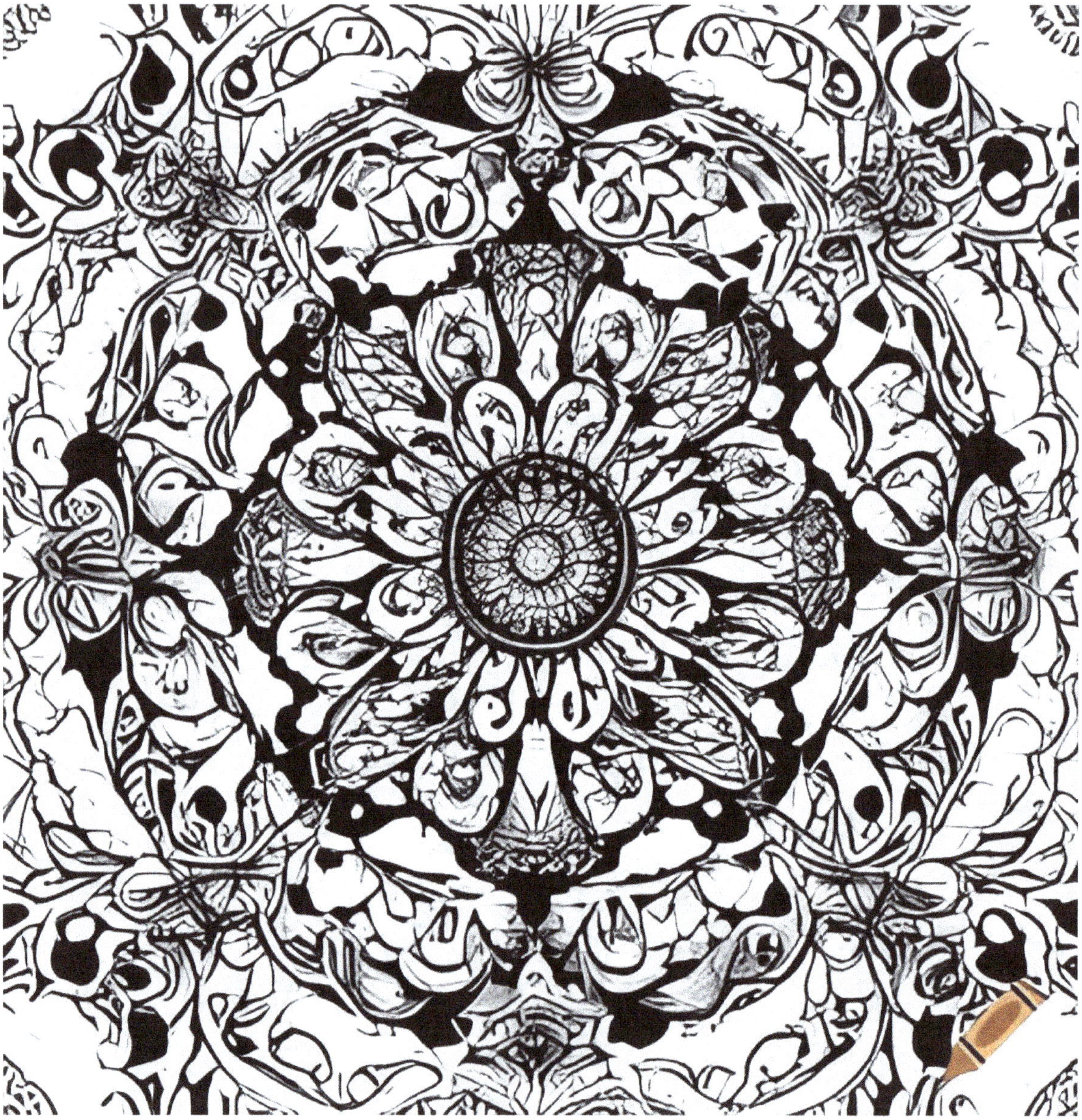

La felicidad es un artículo maravilloso: cuanto más se da, más le queda a uno.

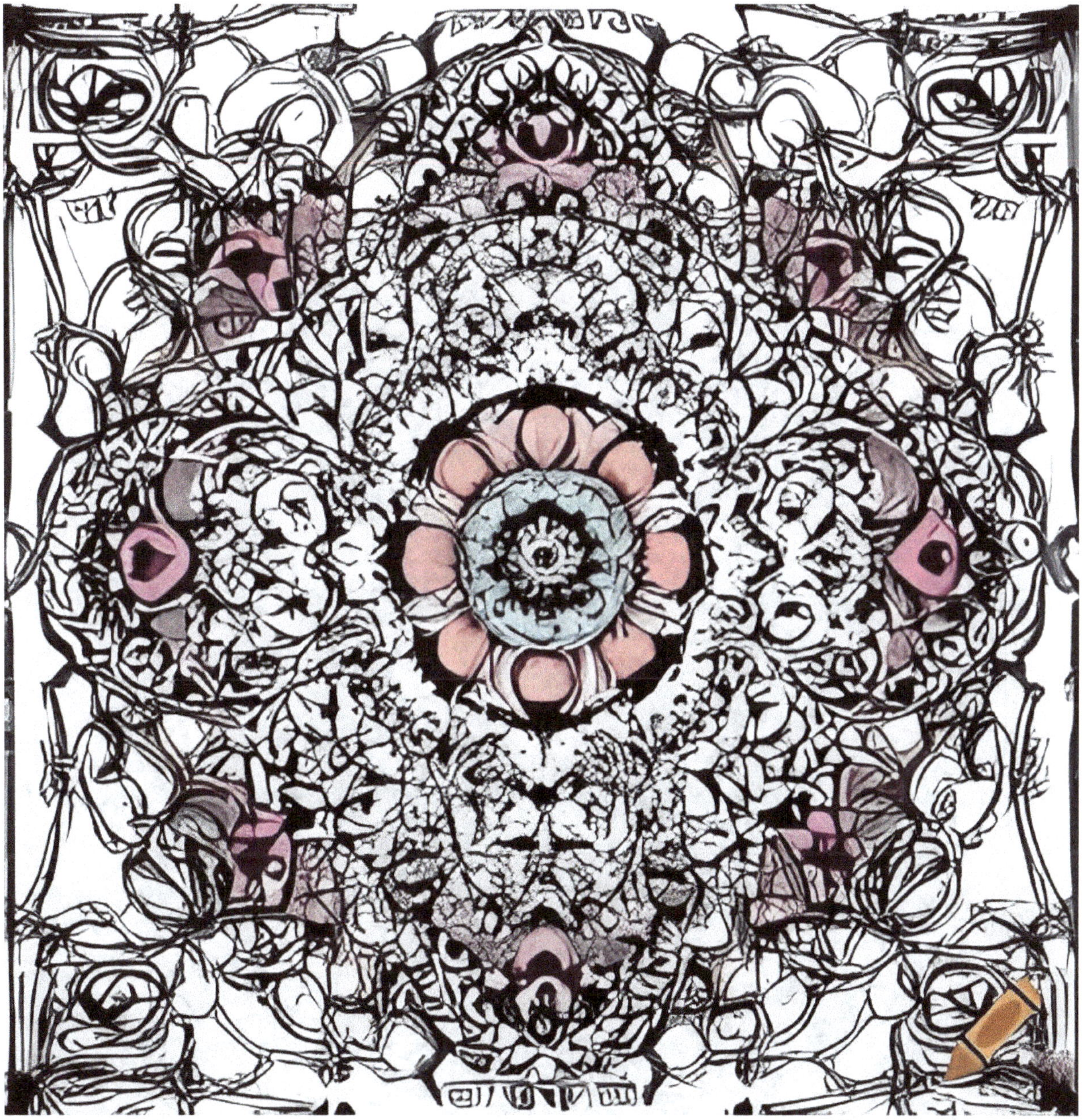

La salud es el mayor regalo, la satisfacción es la mayor riqueza, la fidelidad es el mejor estado.

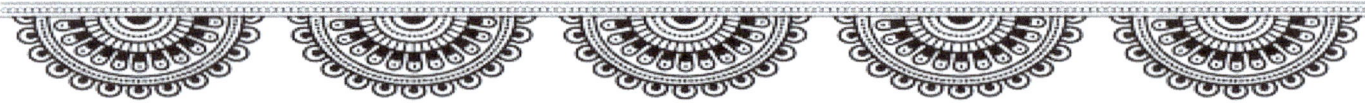

Pon tu corazón a hacer el bien. Si lo haces una y otra vez, se te llena de alegría.

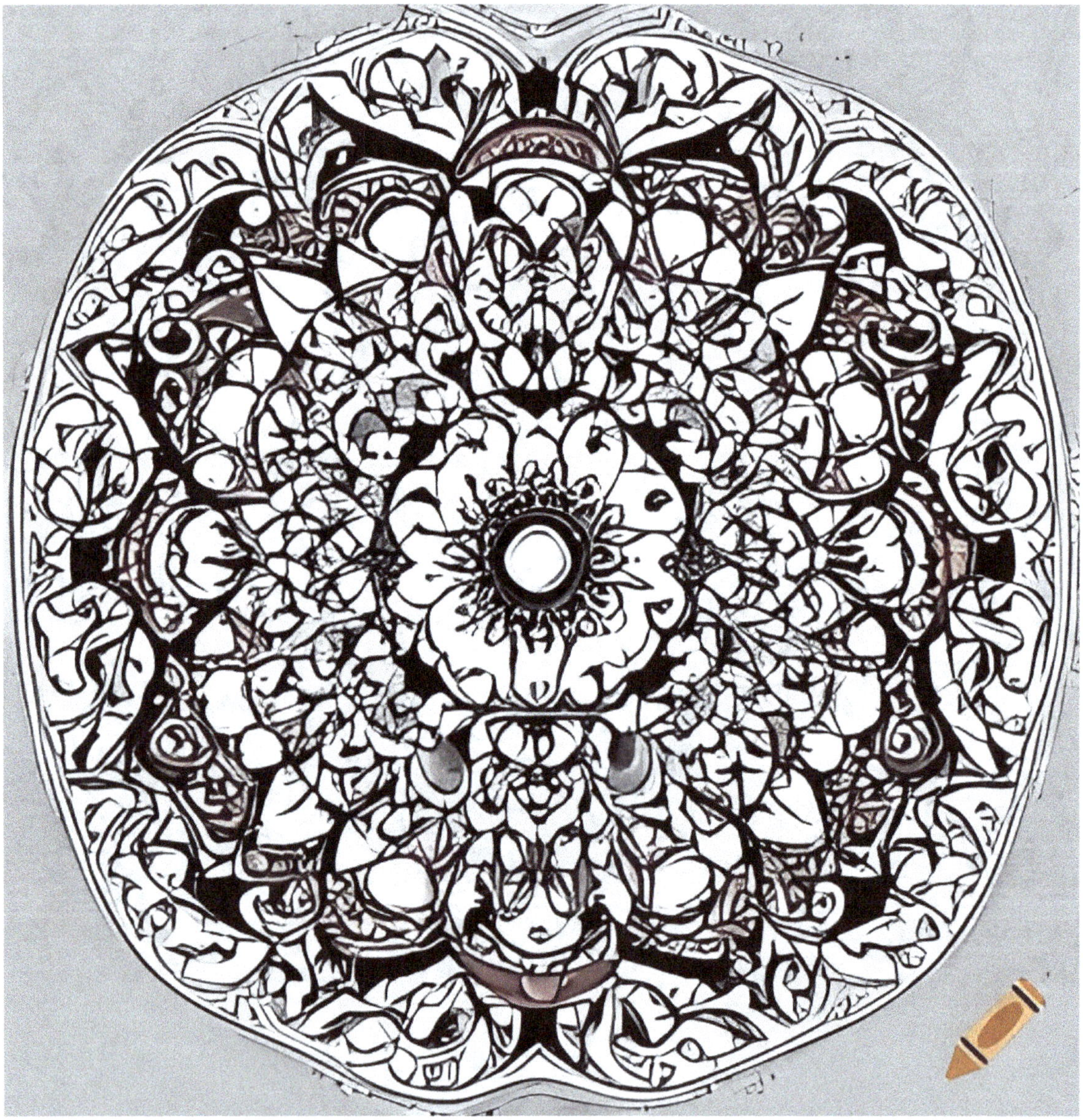

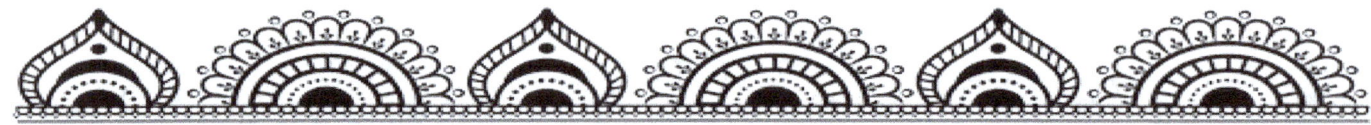

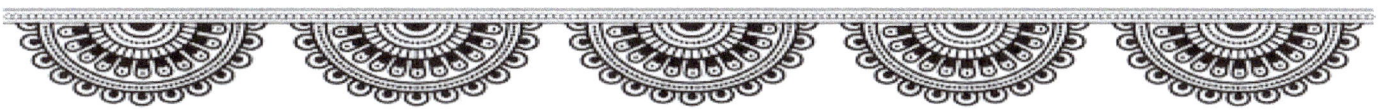

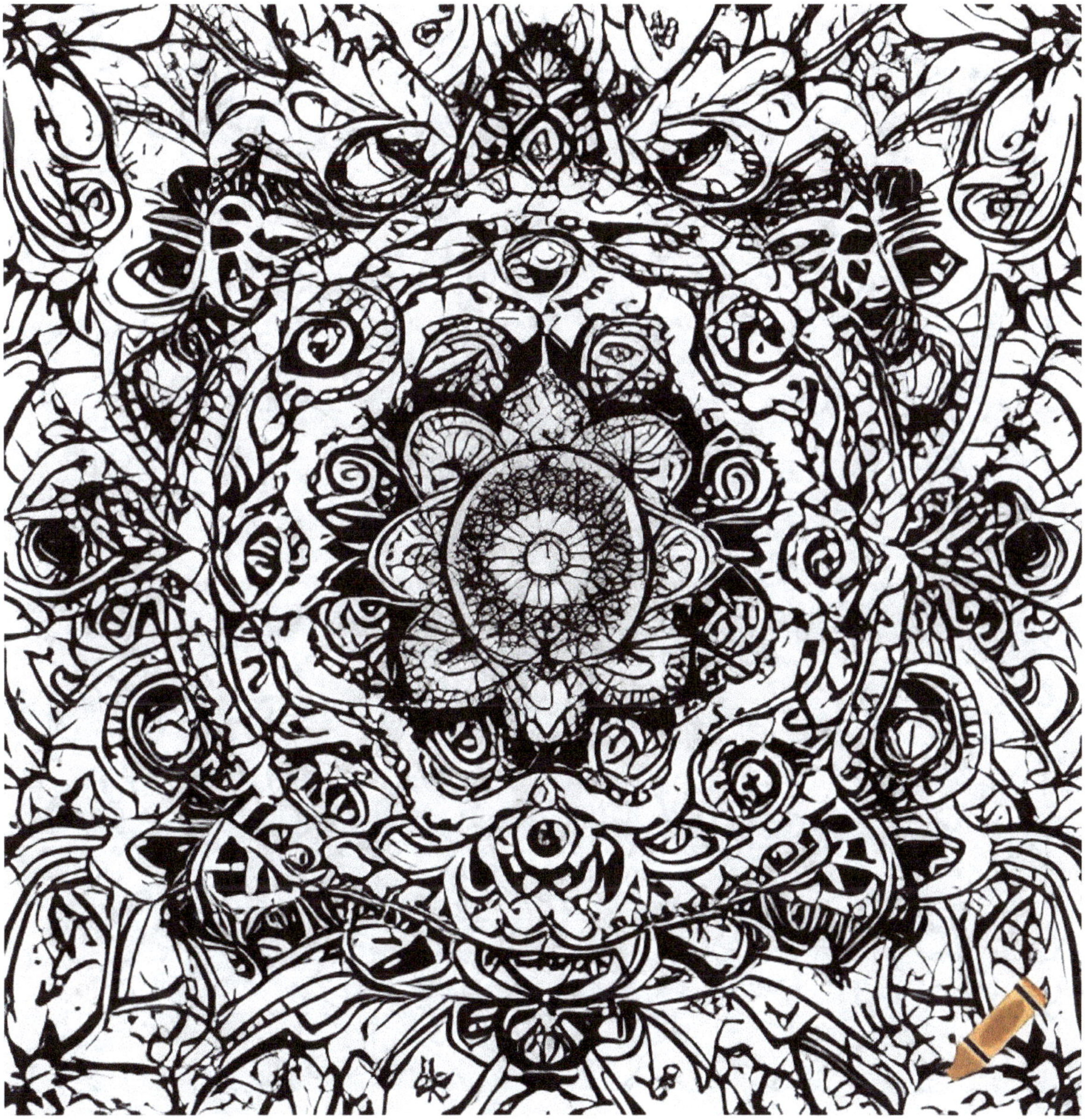

El verdadero amor nace de la comprensión.

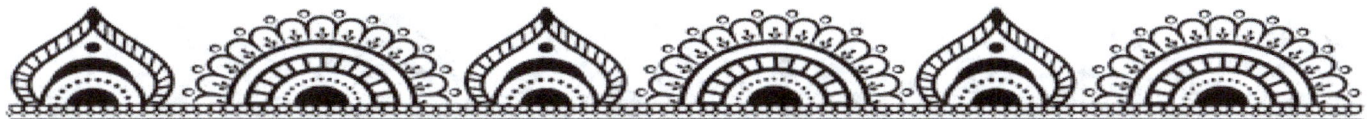

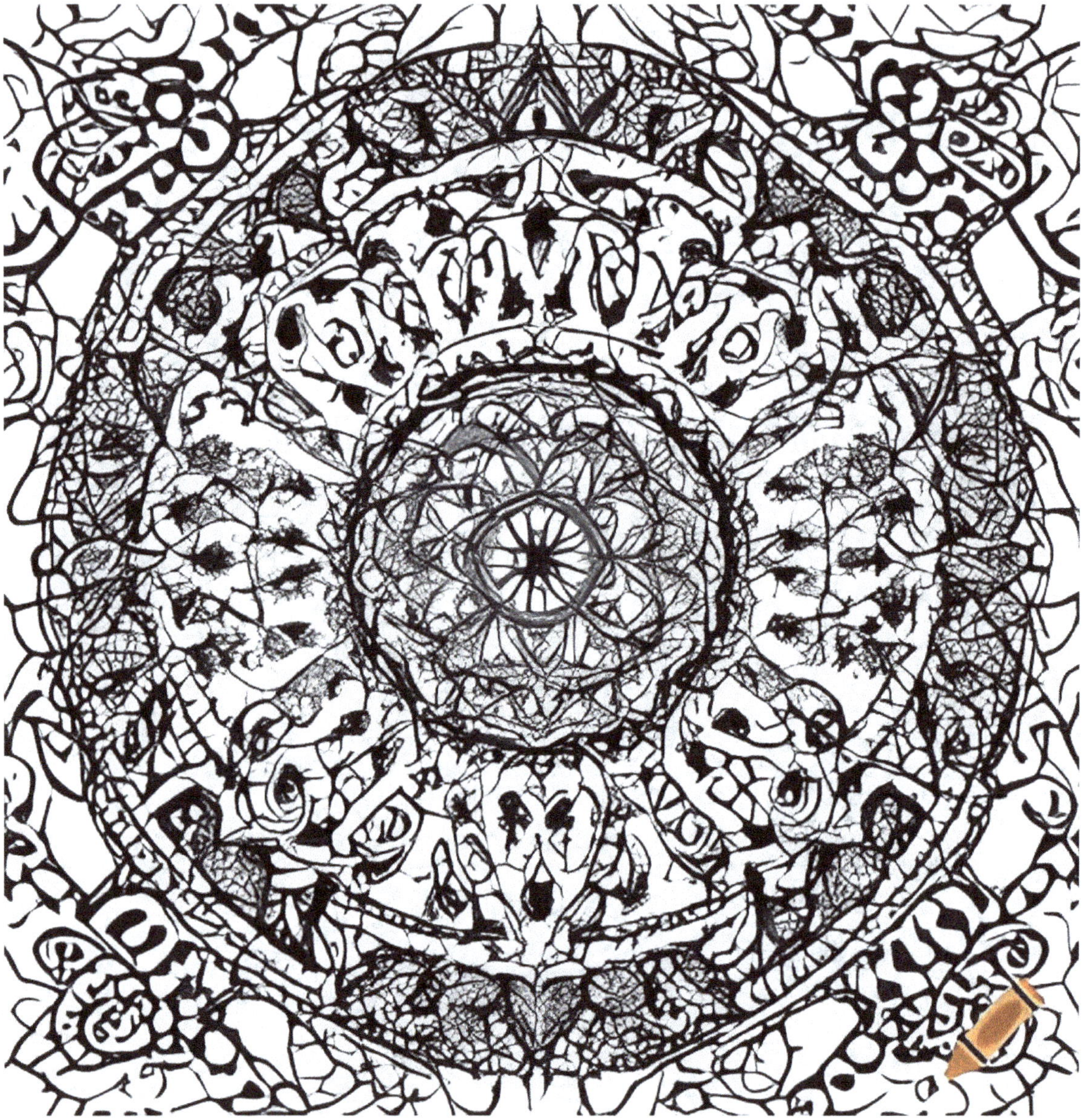

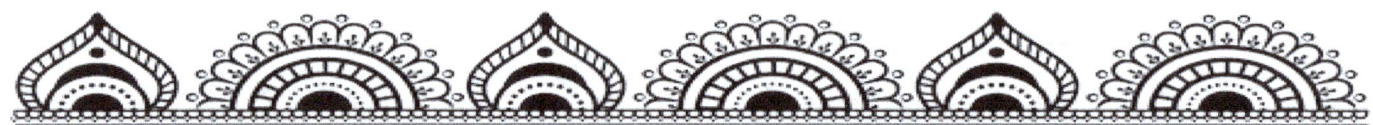

La felicidad es un artículo maravilloso: cuanto más se da, más le queda a uno.

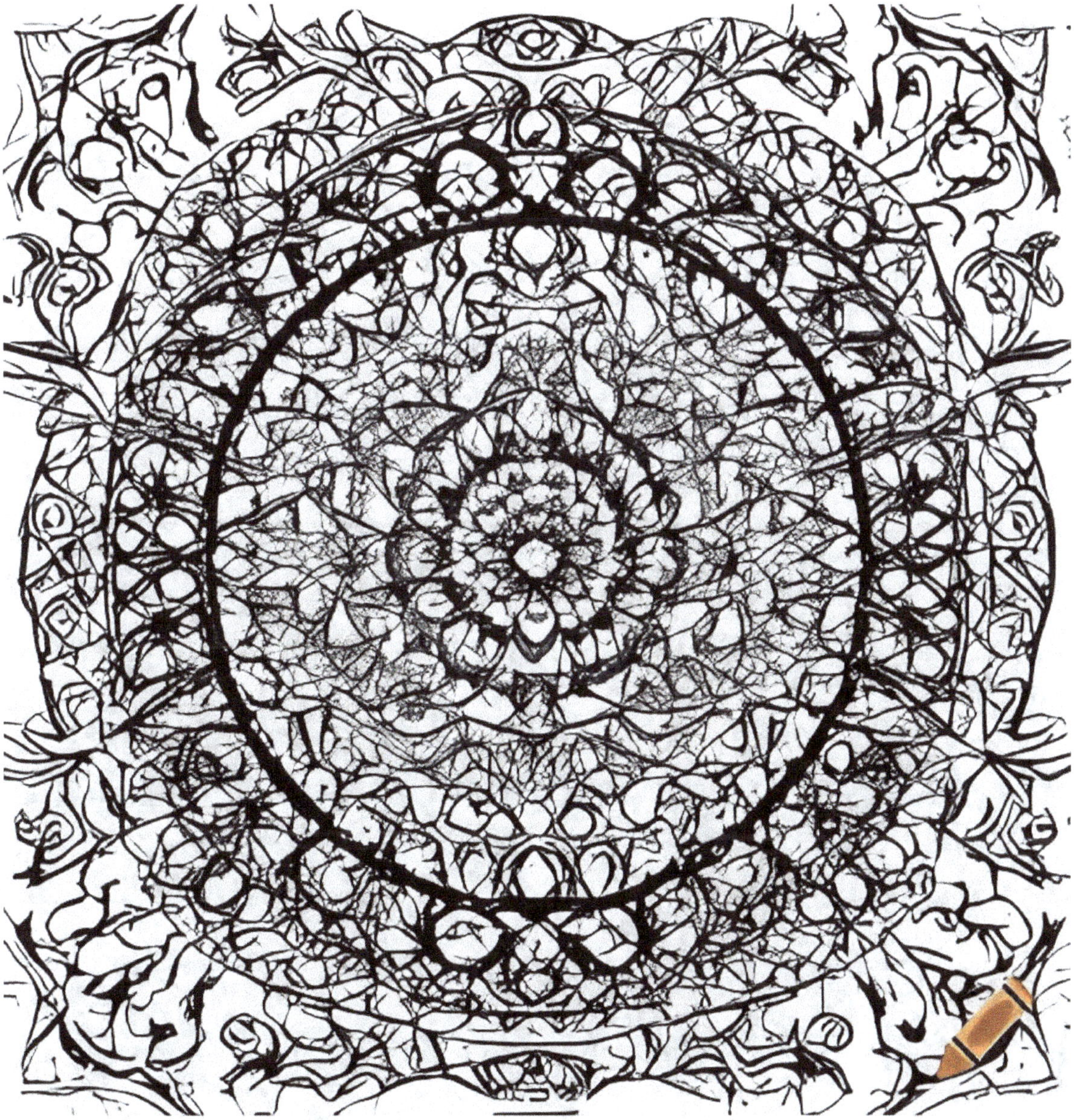

La amistad es la única cura para el odio, la única garantía de la paz.

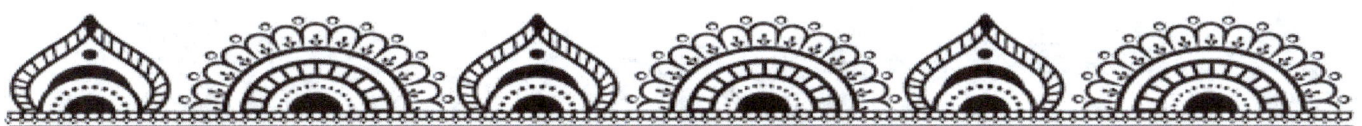

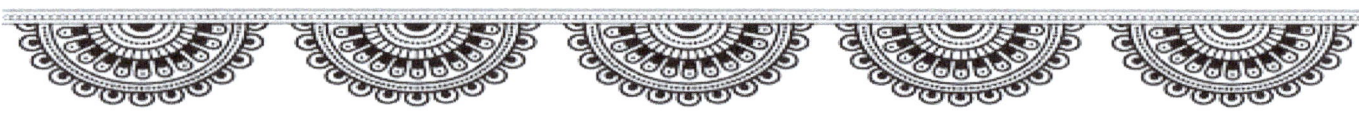

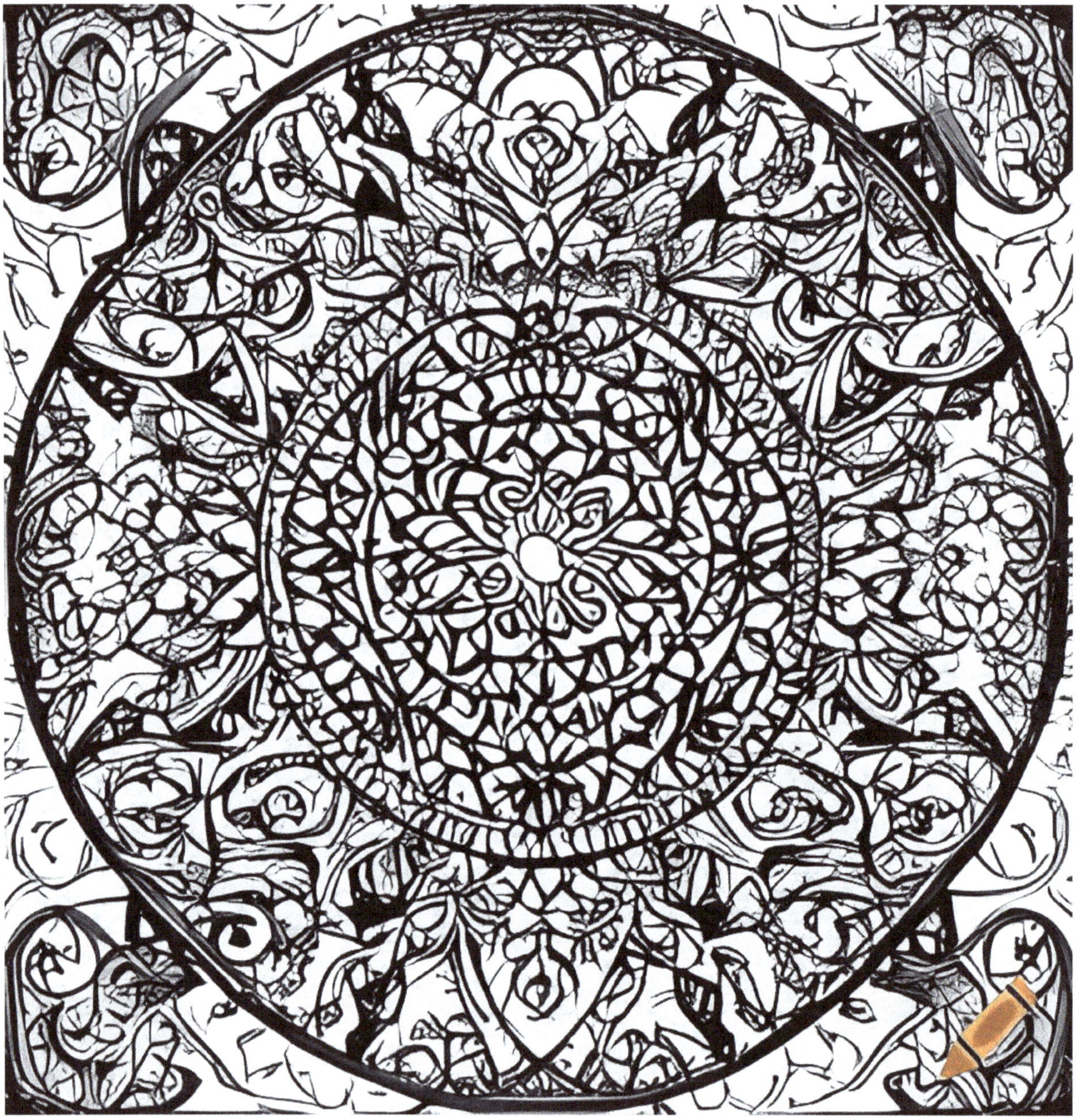

Si tiene solución, ¿por qué lloras? Si no tiene solución, ¿por qué lloras?

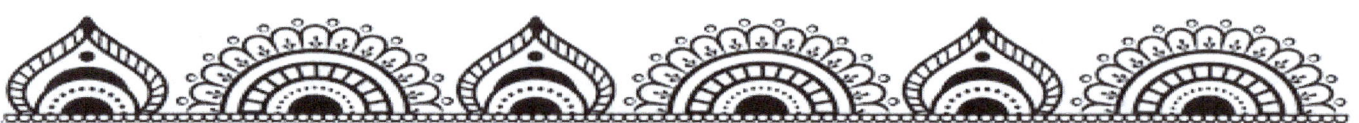

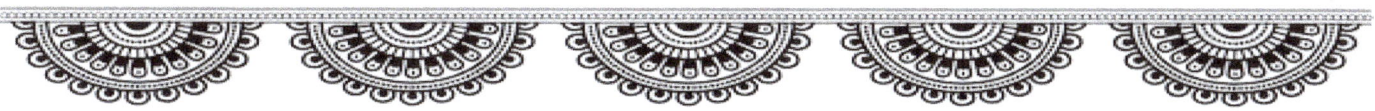

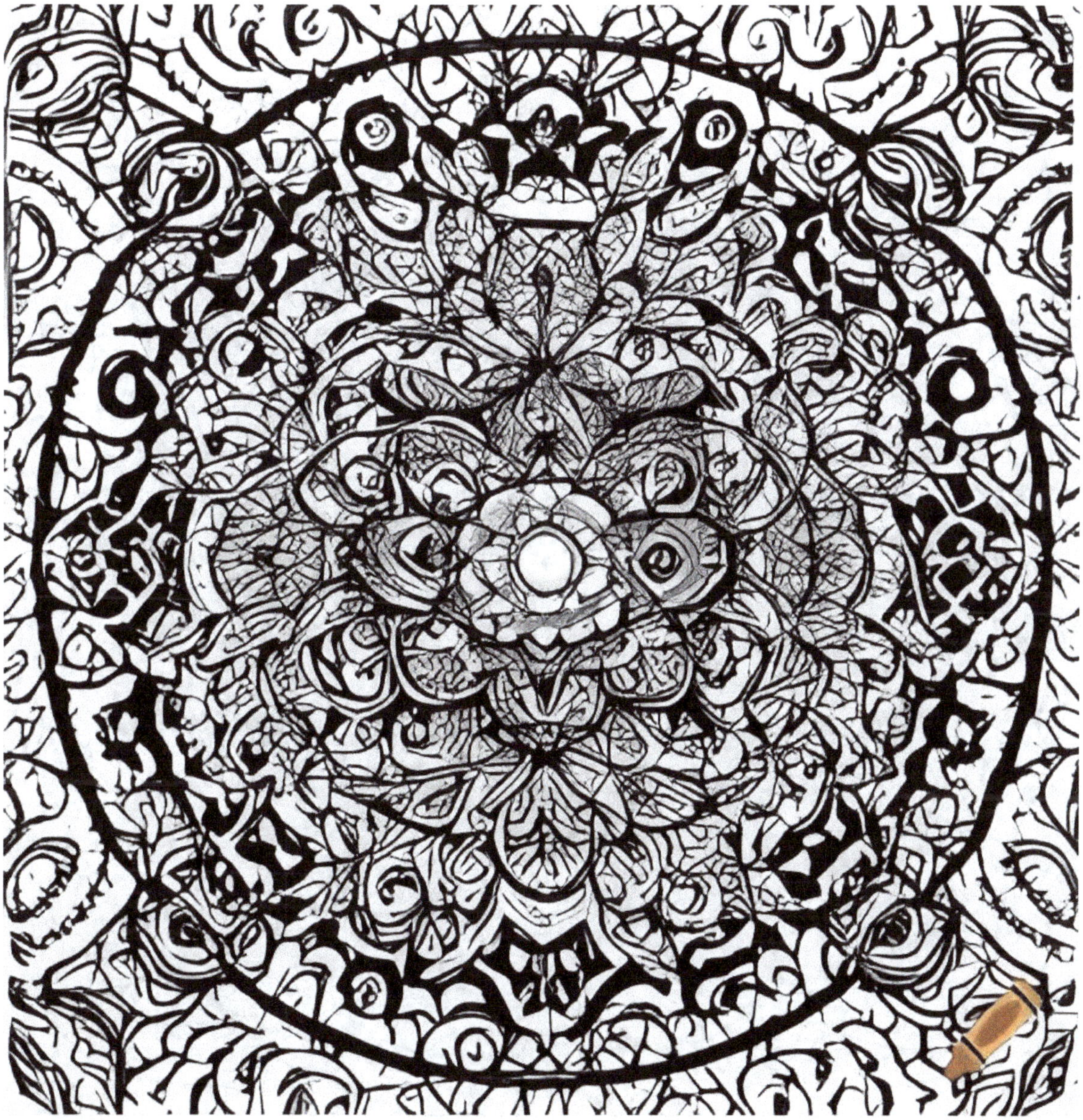

Una jarra se llena gota a gota.

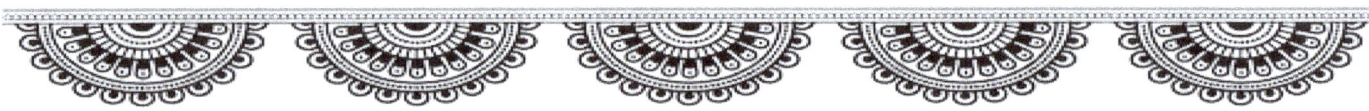

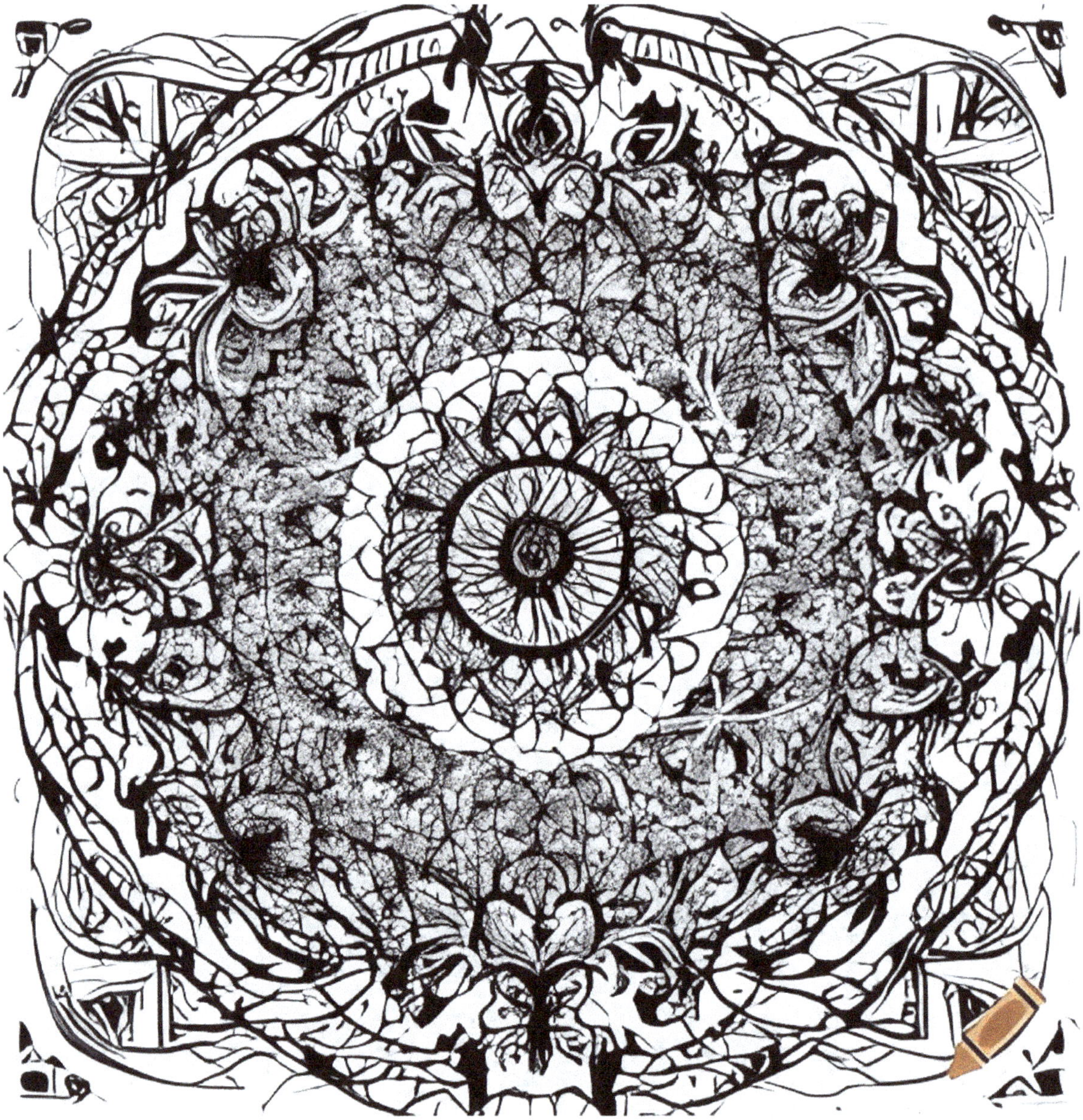

El pie no siente el pie, hasta que no siente el suelo.

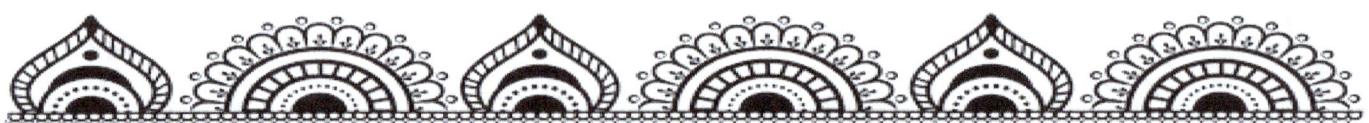

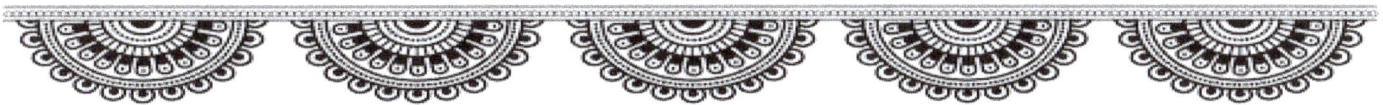

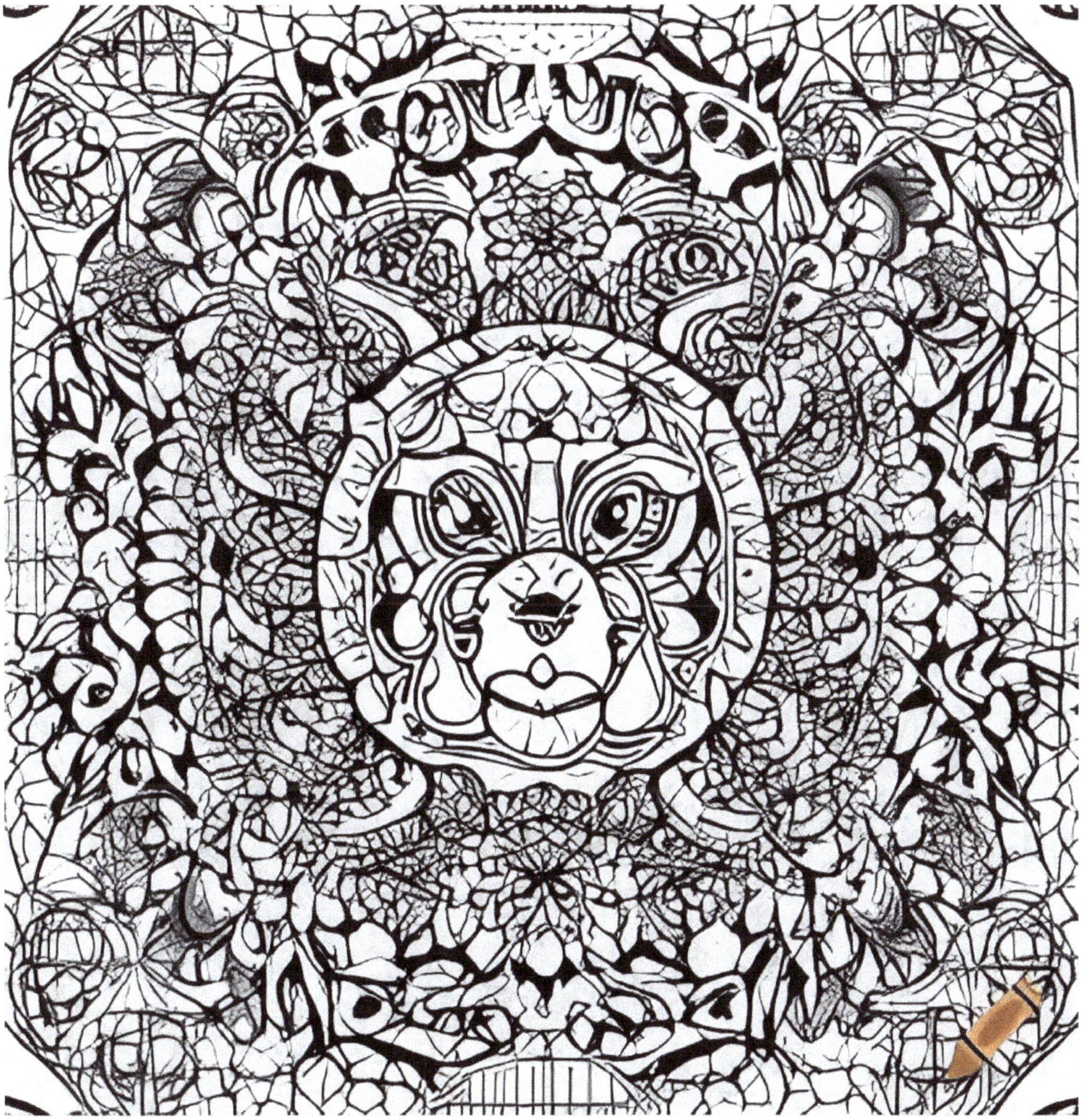

Nada te puede dañar tanto como tus propios pensamientos sin supervisión.

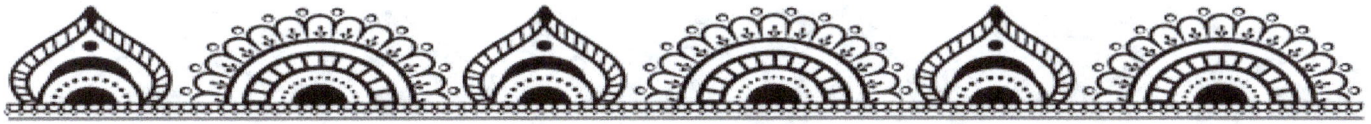

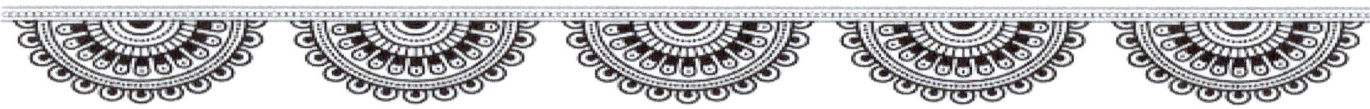

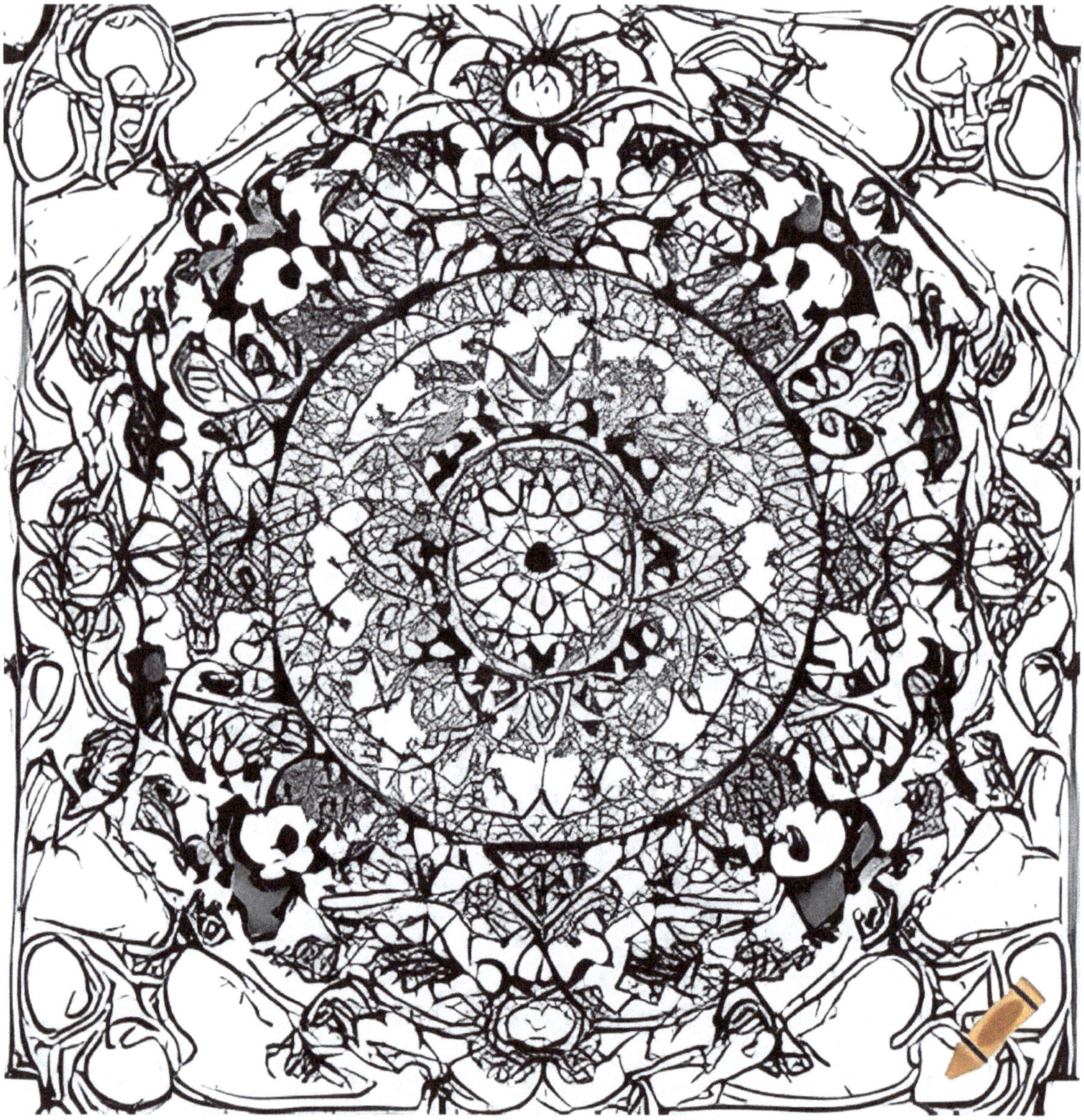

Es capaz el que piensa que es capaz. Es capaz el que piensa que es capaz.

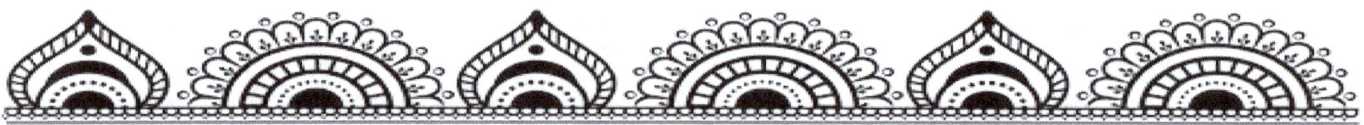

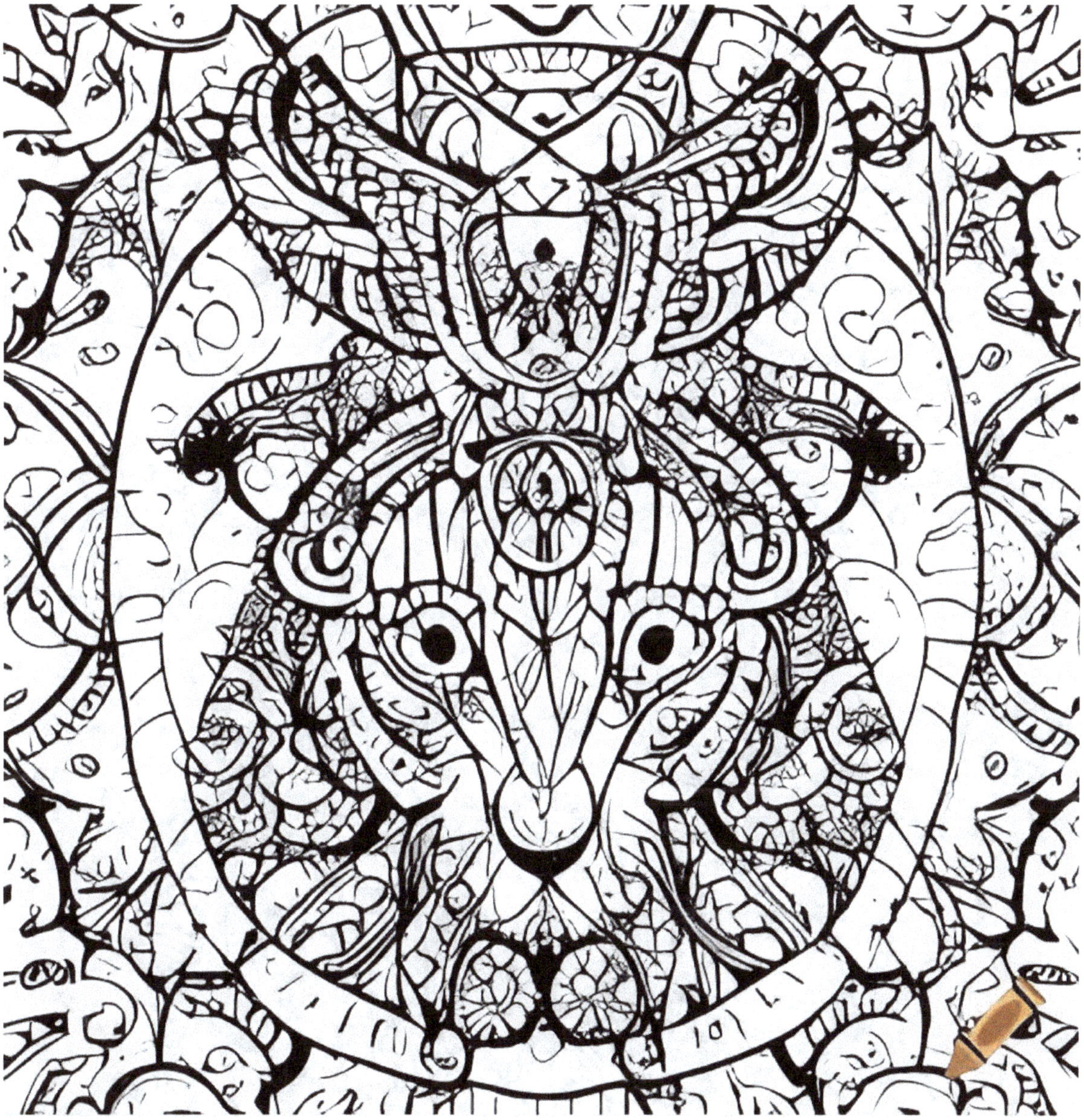

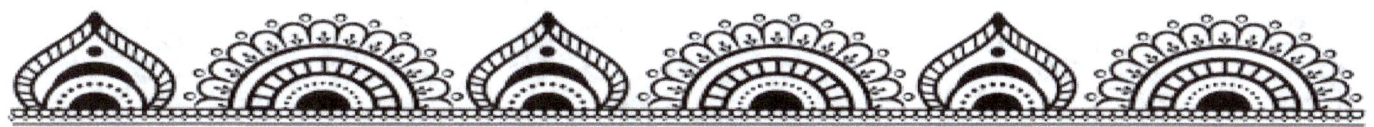

Si no somos capaces de cuidar de los demás cuando necesitan ayuda, ¿quién cuidará de nosotros?

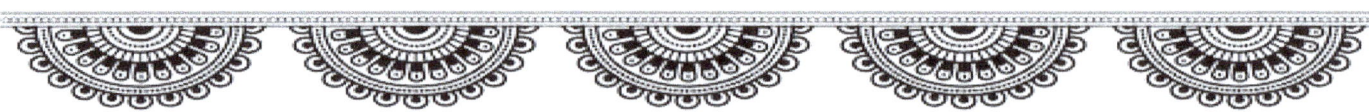

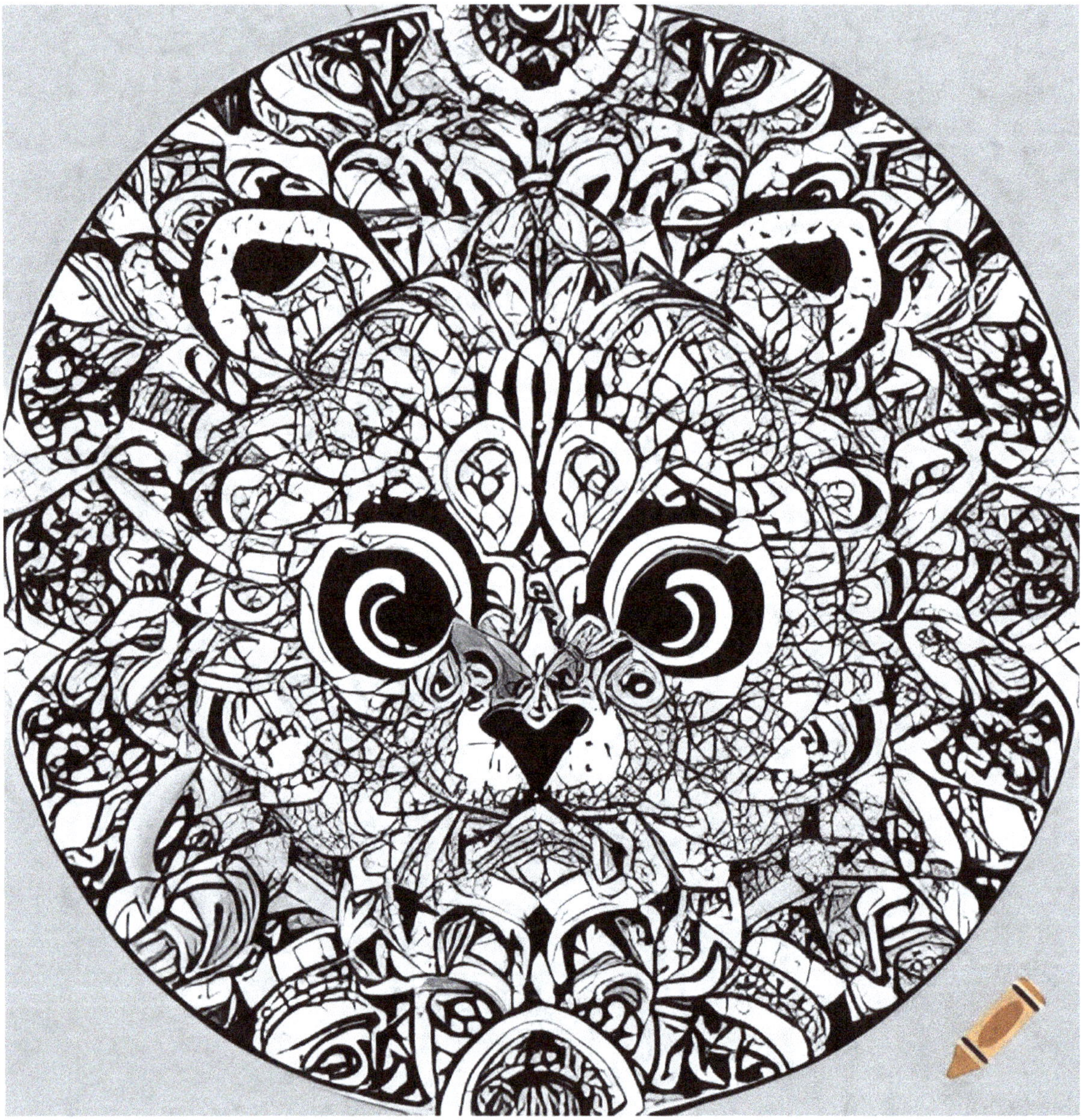

Sólo pierdes aquello a lo que te aferras.

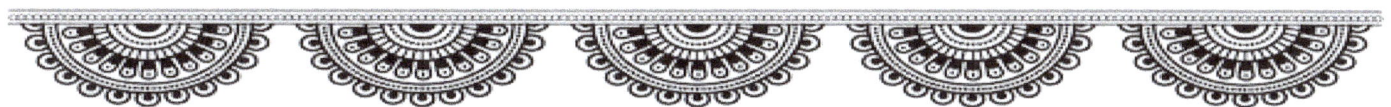

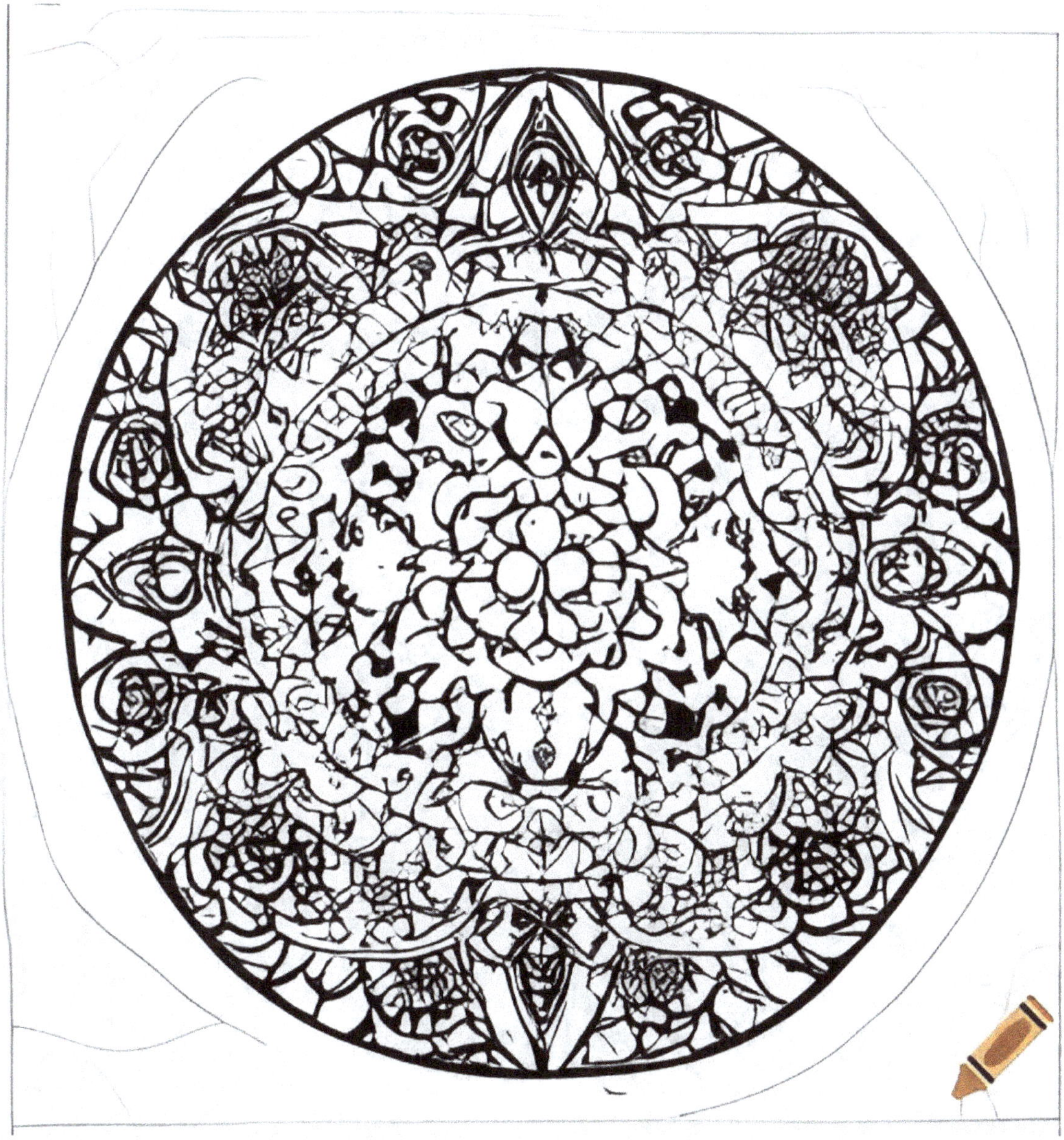

No sobreestimes lo que has recibido, ni envidies a otros, el que envidia no tiene paz.

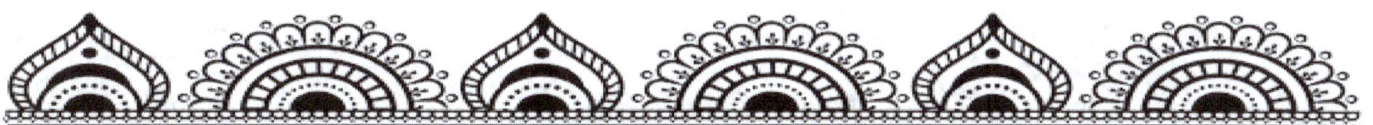

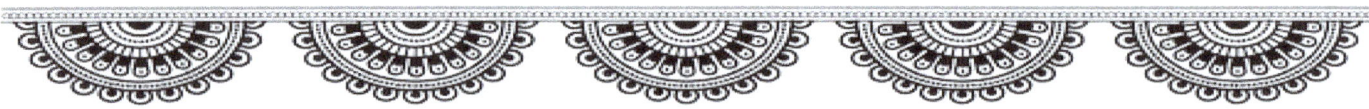

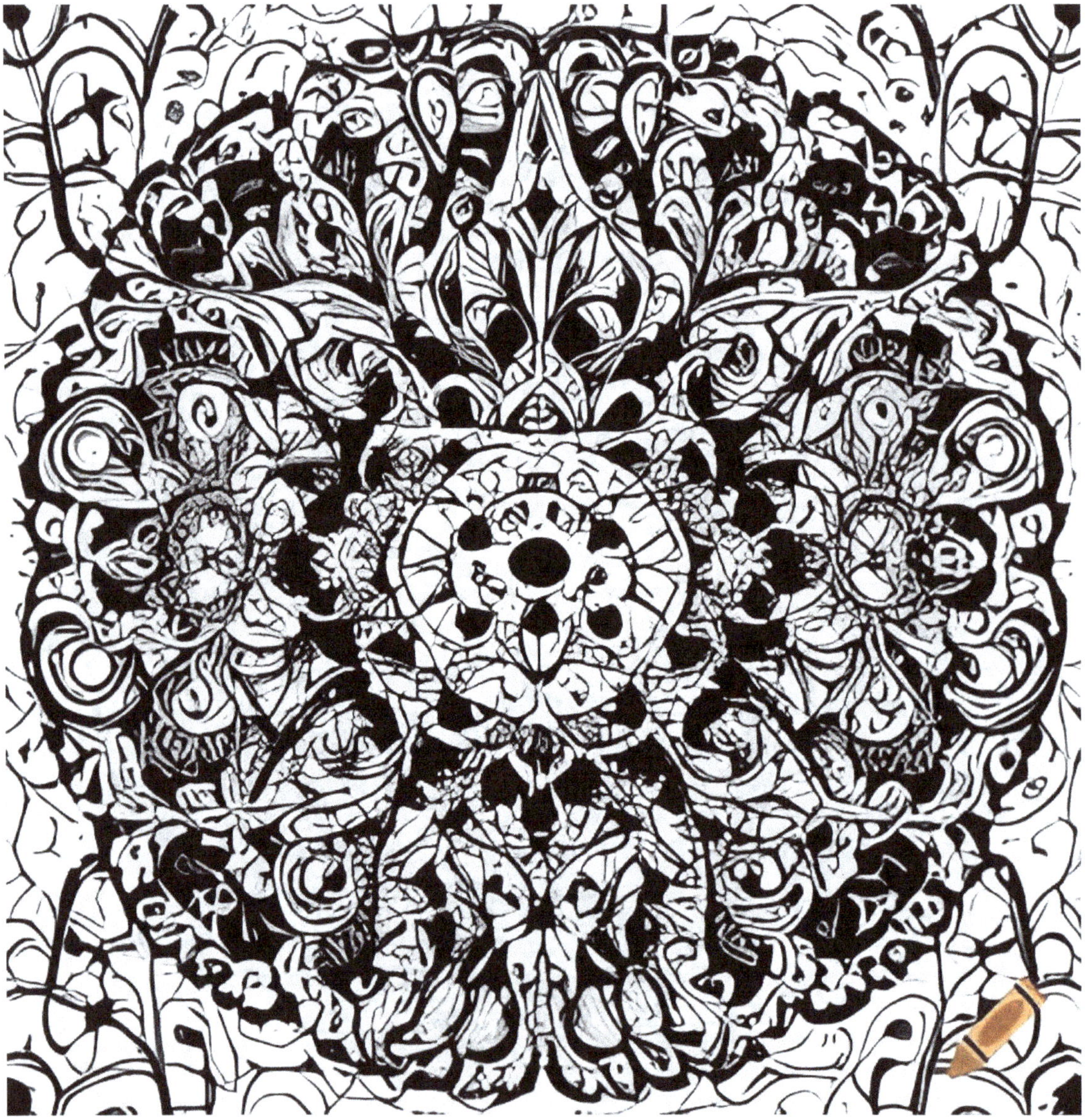

La muerte no se teme, si se ha vivido sabiamente.

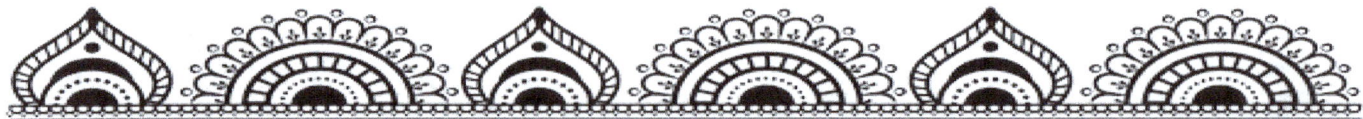

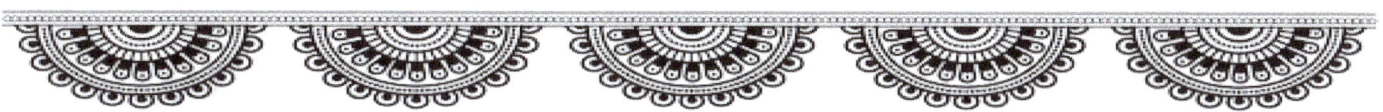

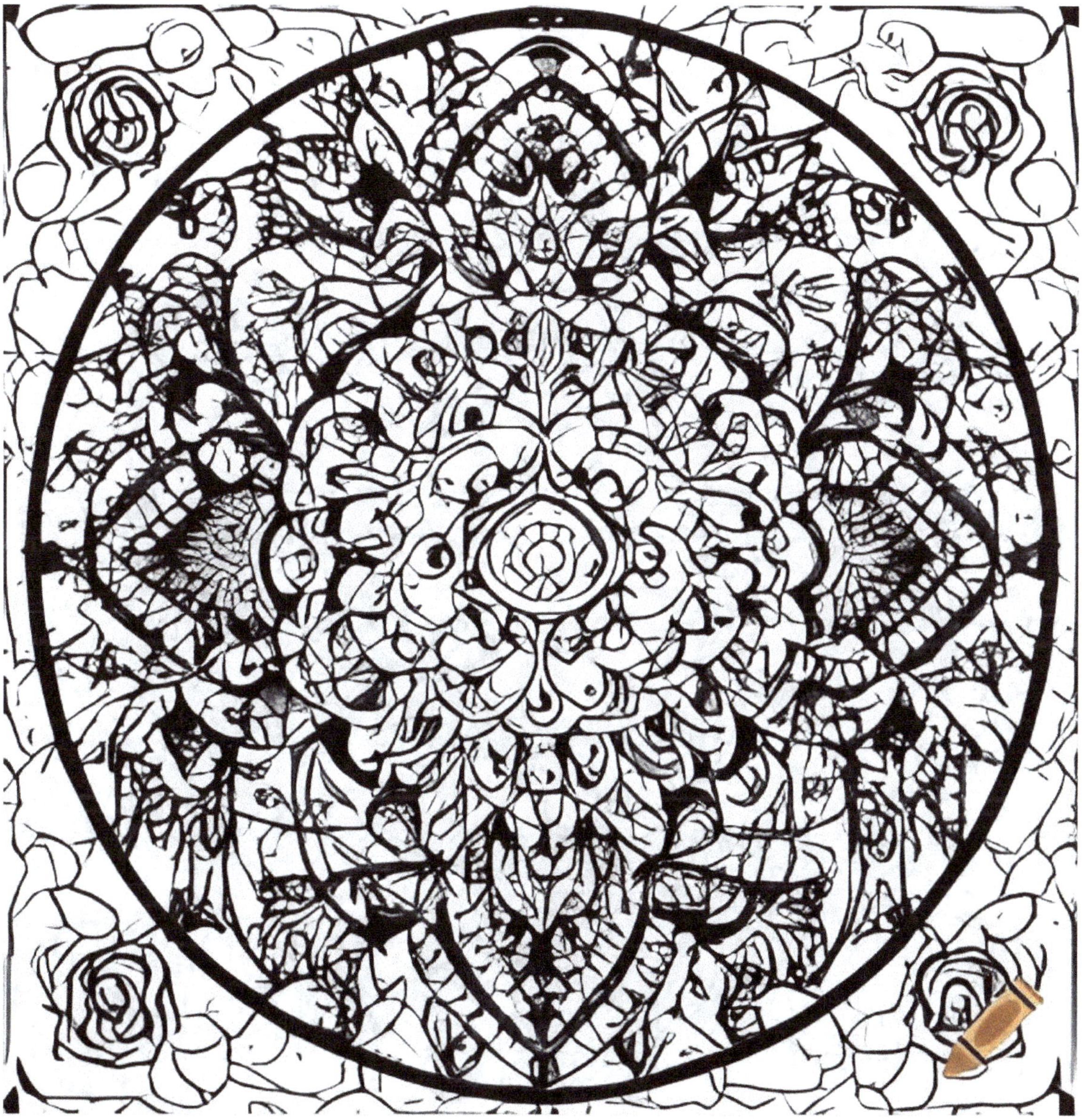

El odio no se termina con odio, se termina con amor, es una regla eterna.

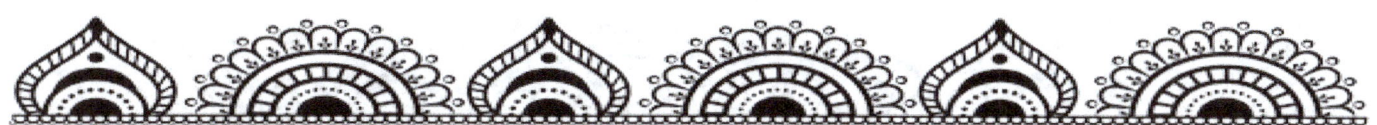

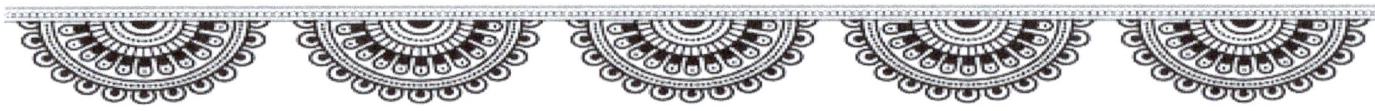

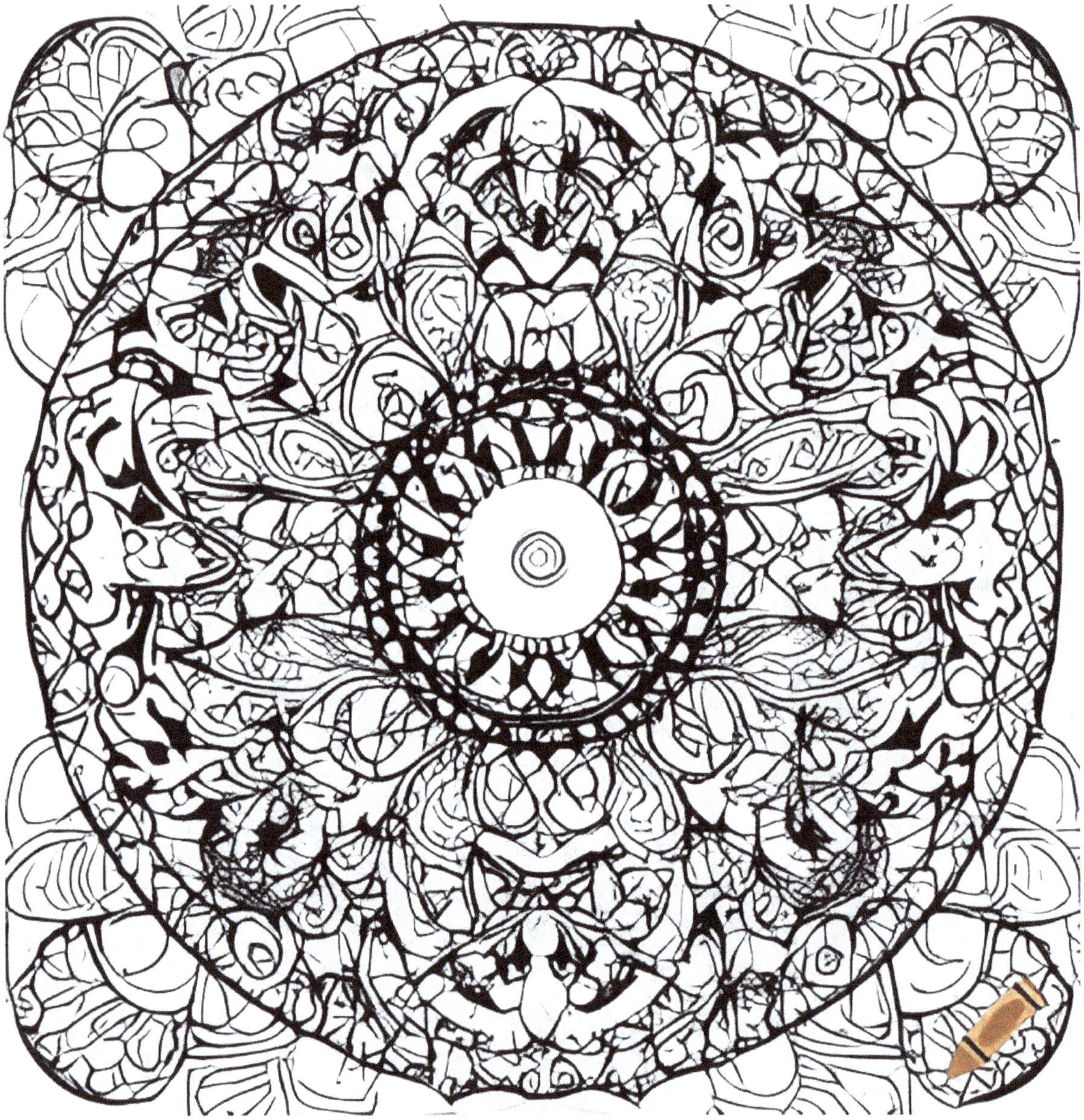

Guardar rencor es como sujetar un carbón caliente con la intención de lanzárselo a alguien; pero es uno mismo el que se quema.

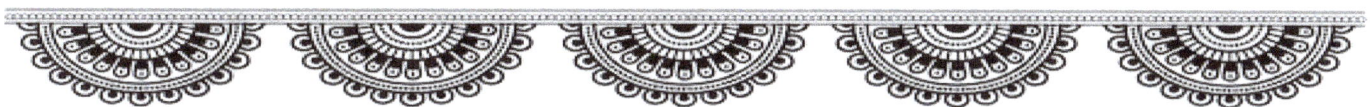

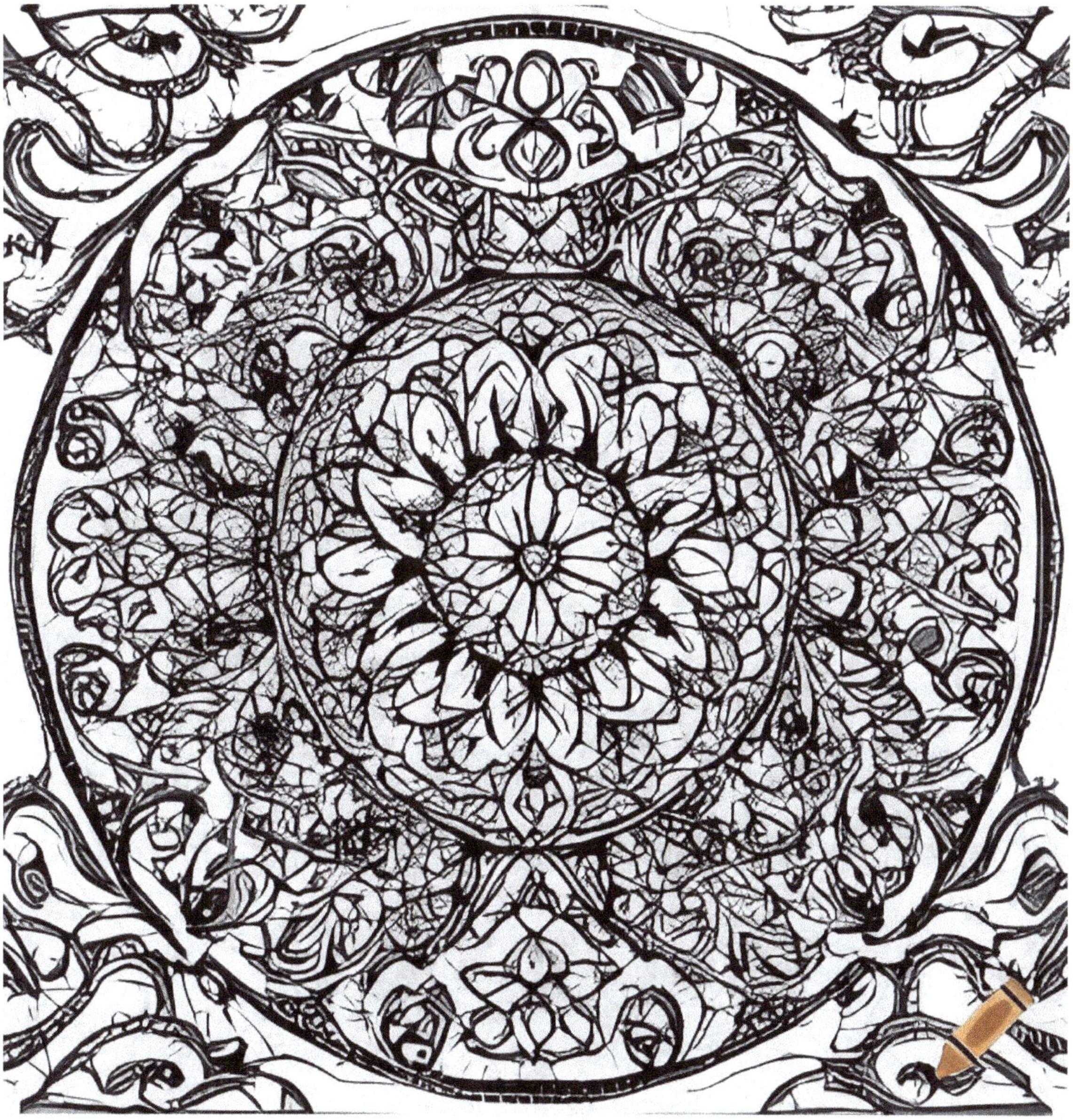

La paz viene de dentro, no la busques fuera.

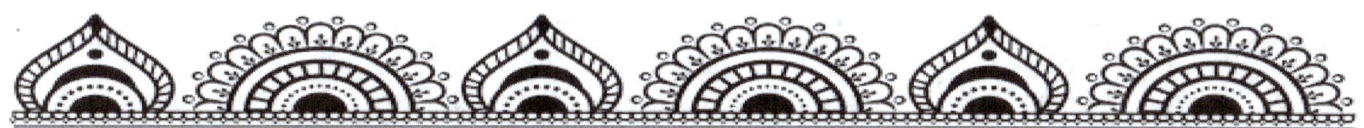

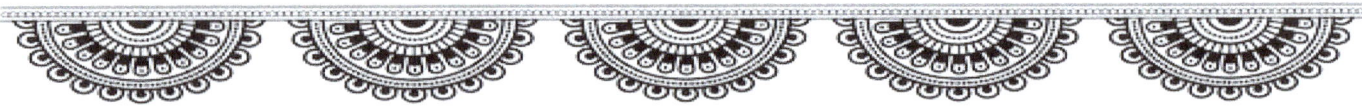

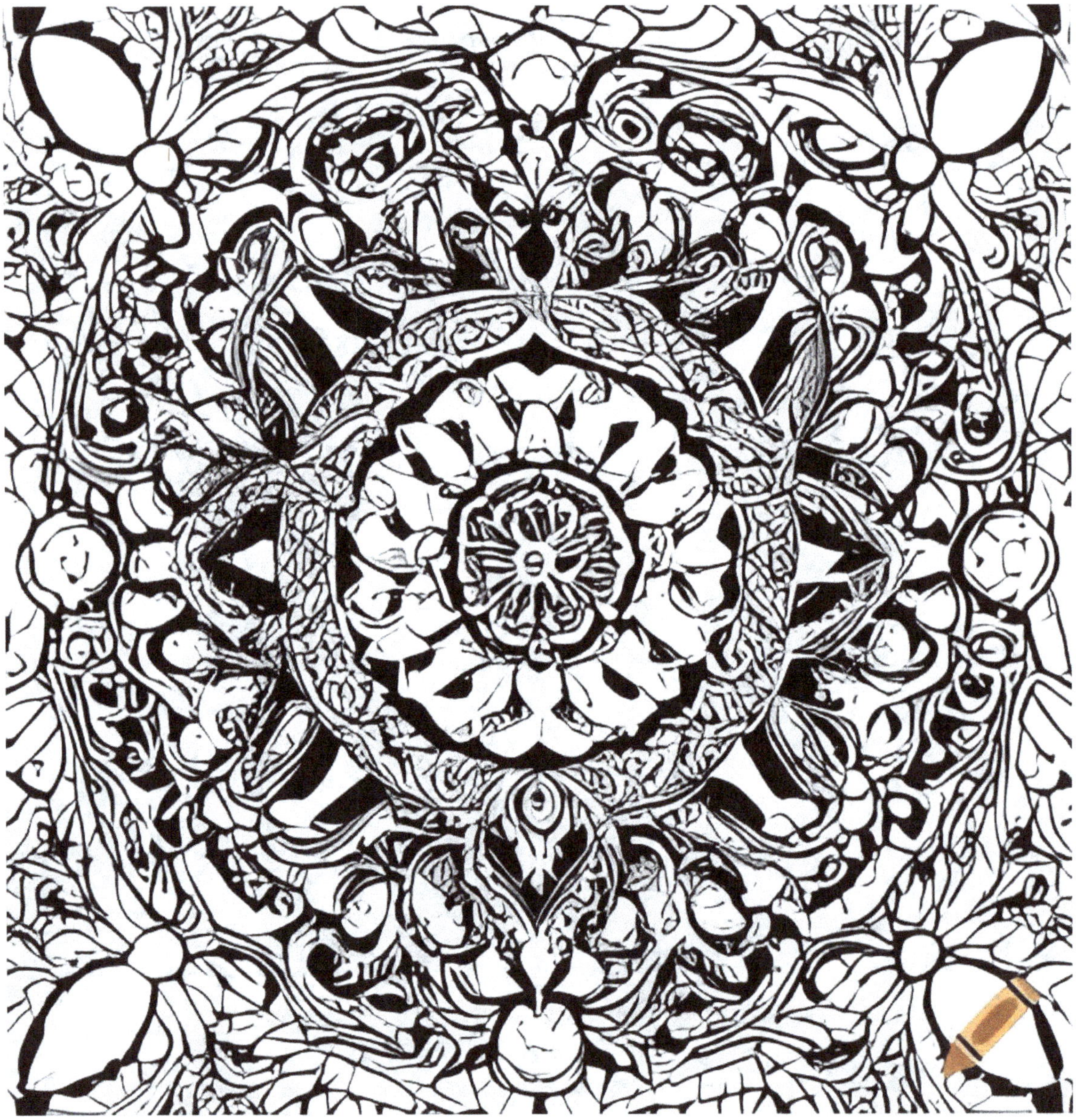

Así como una roca sólida es inamovible por el viento, los sabios son inquebrantables por la alabanza o la culpa.

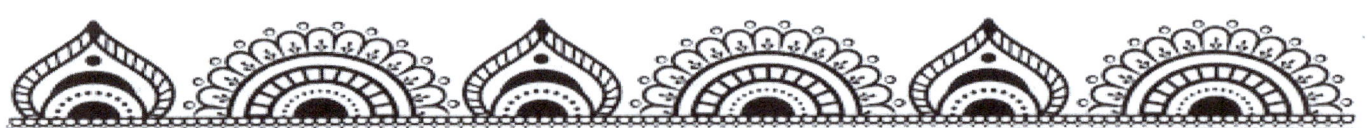

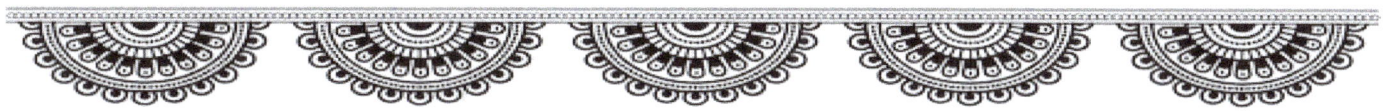

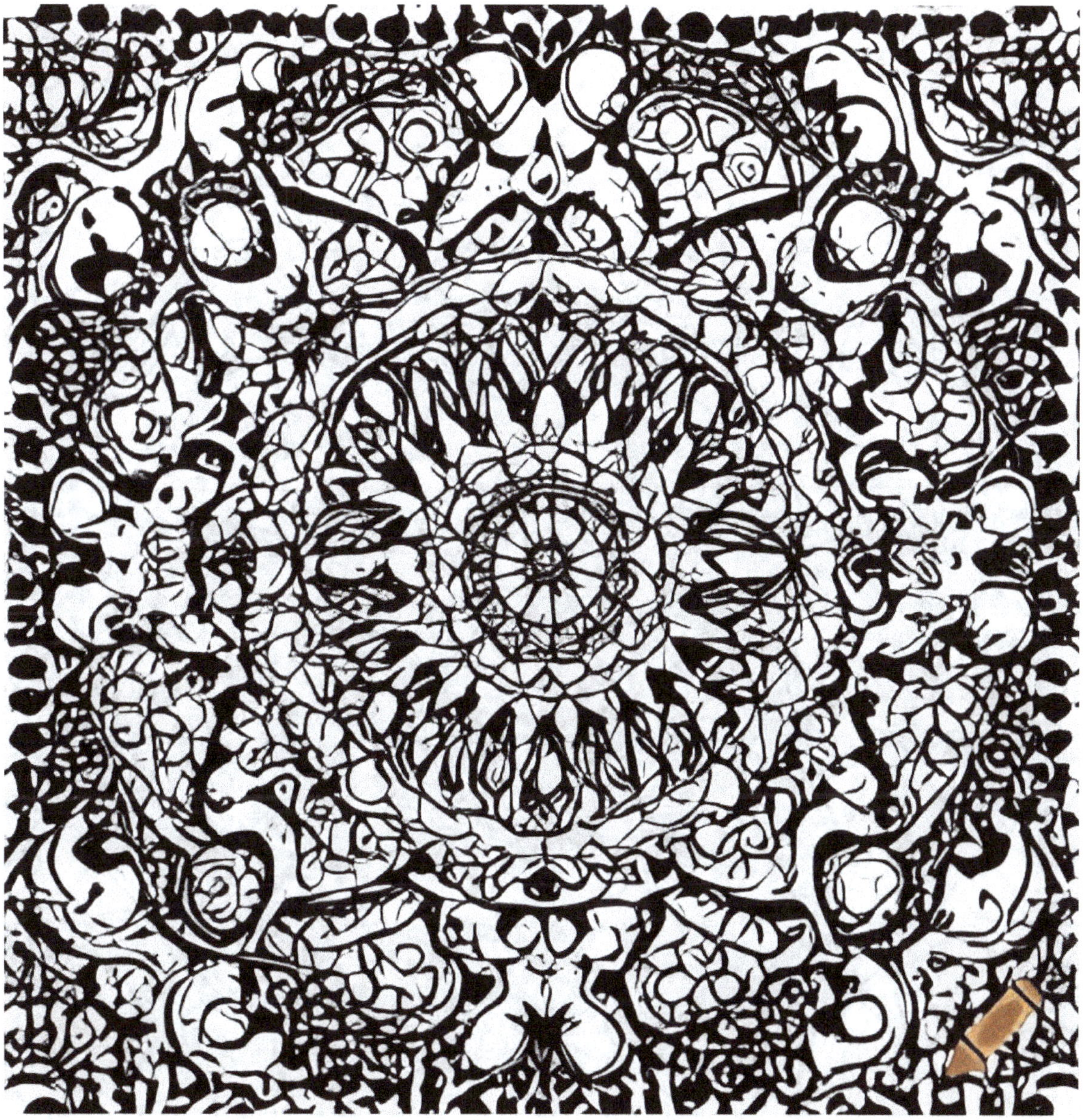

Para enseñar a los demás, primero has de hacer tú algo muy difícil: has de enderezarte a ti mismo.

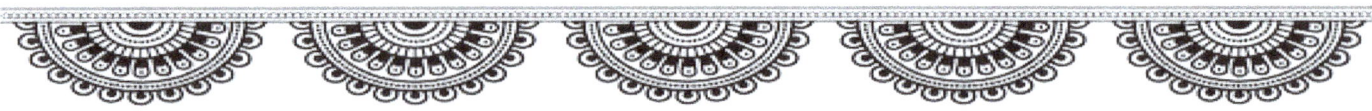

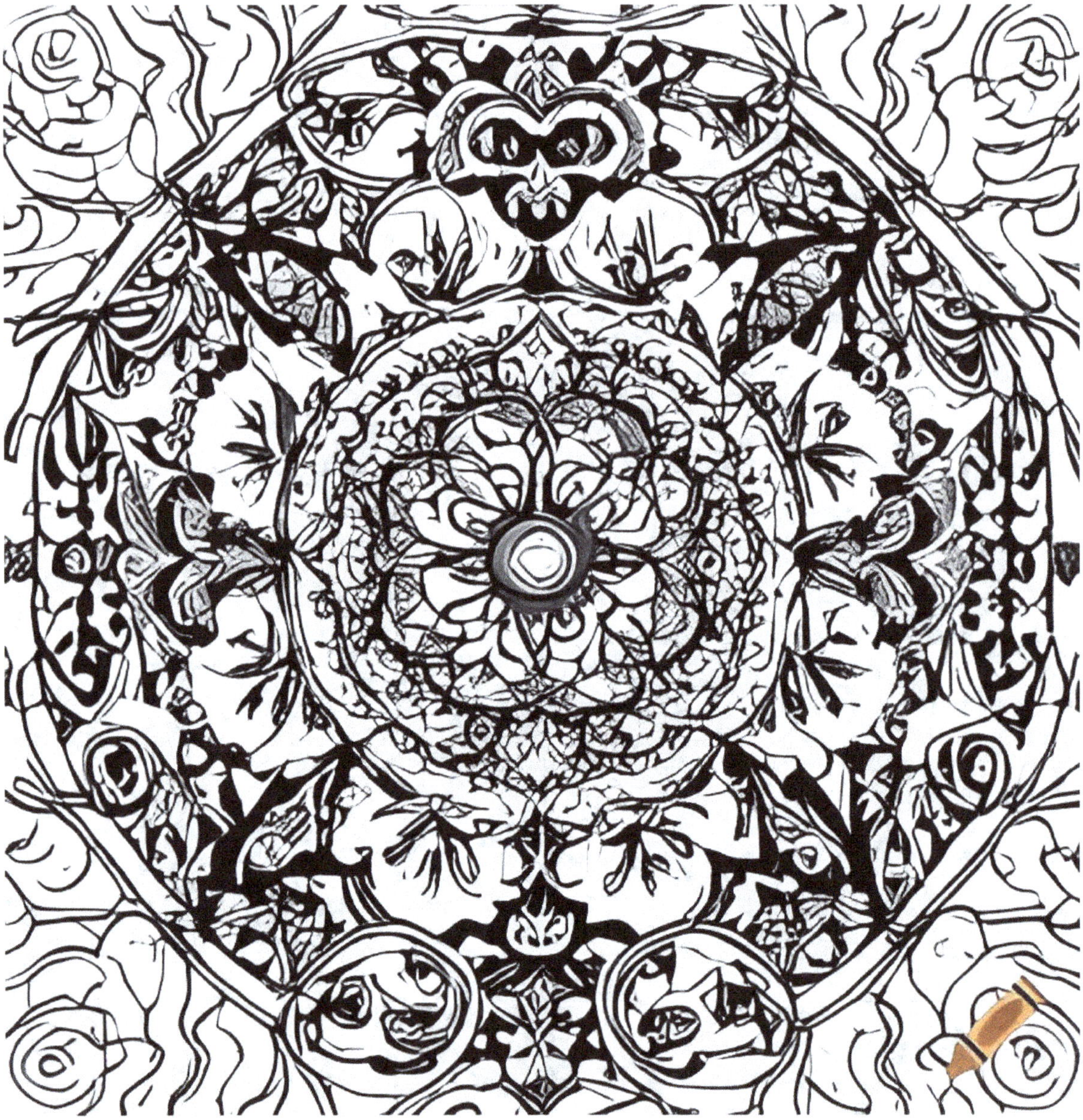

La mente lo es todo. Lo que piensas, en eso te conviertes.

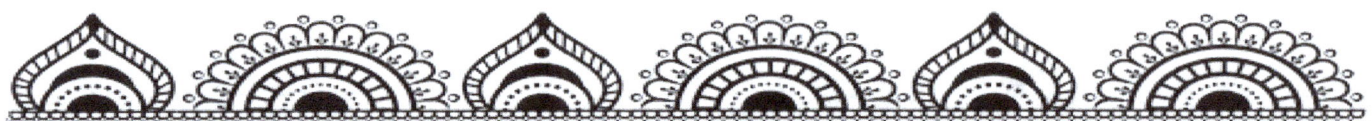

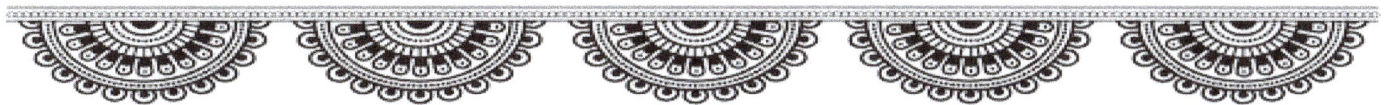

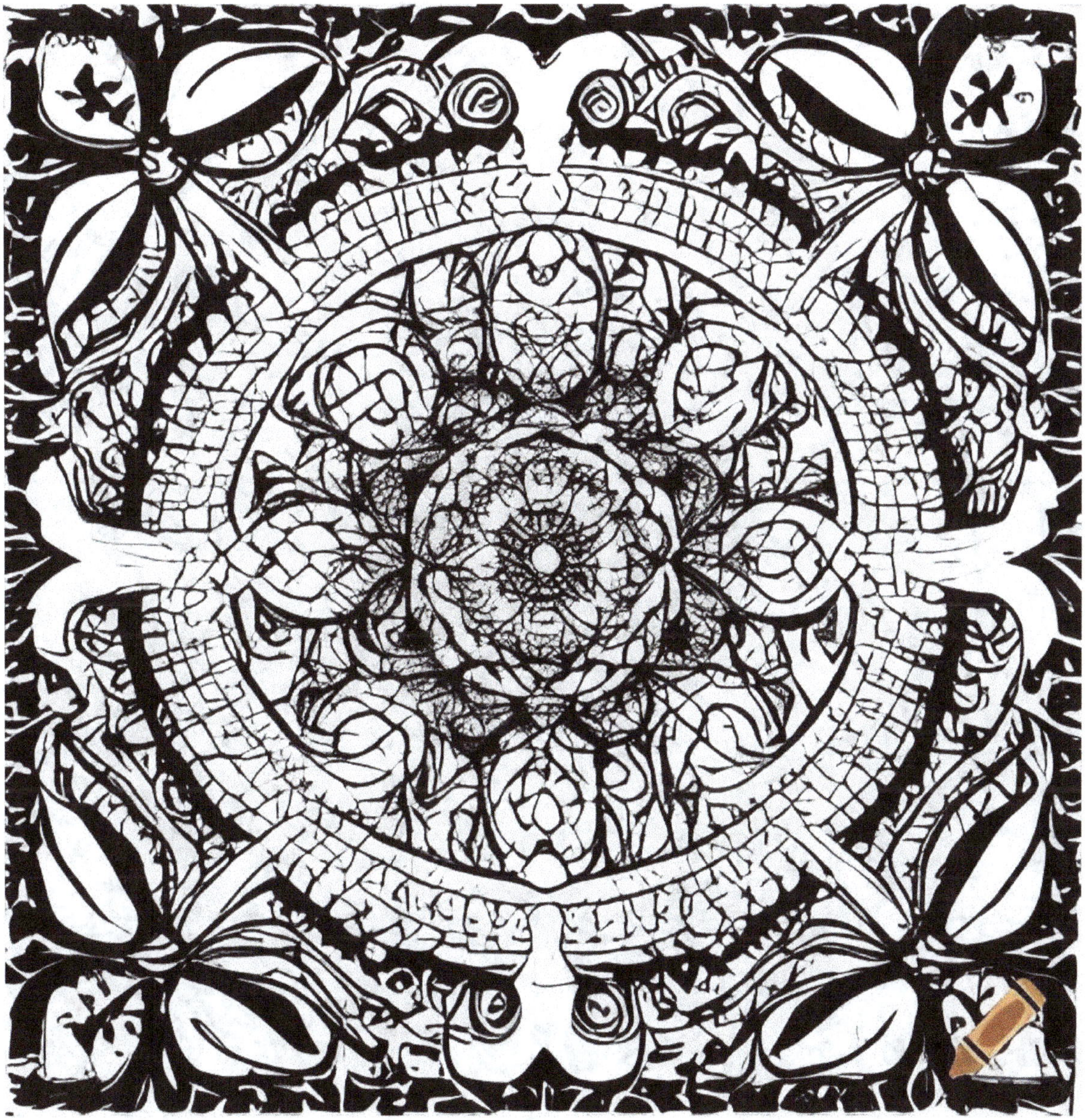

El camino no está en el cielo; el camino se encuentra en el corazón.

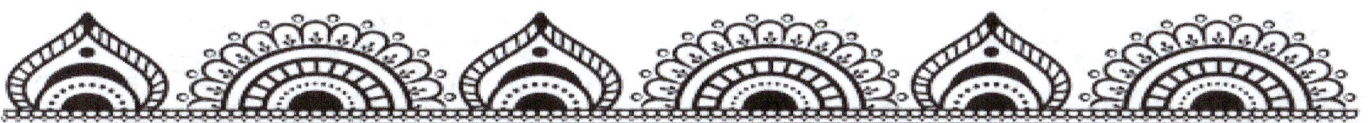

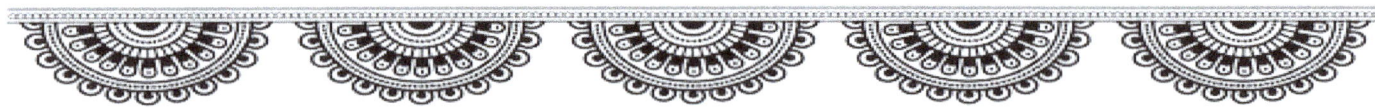

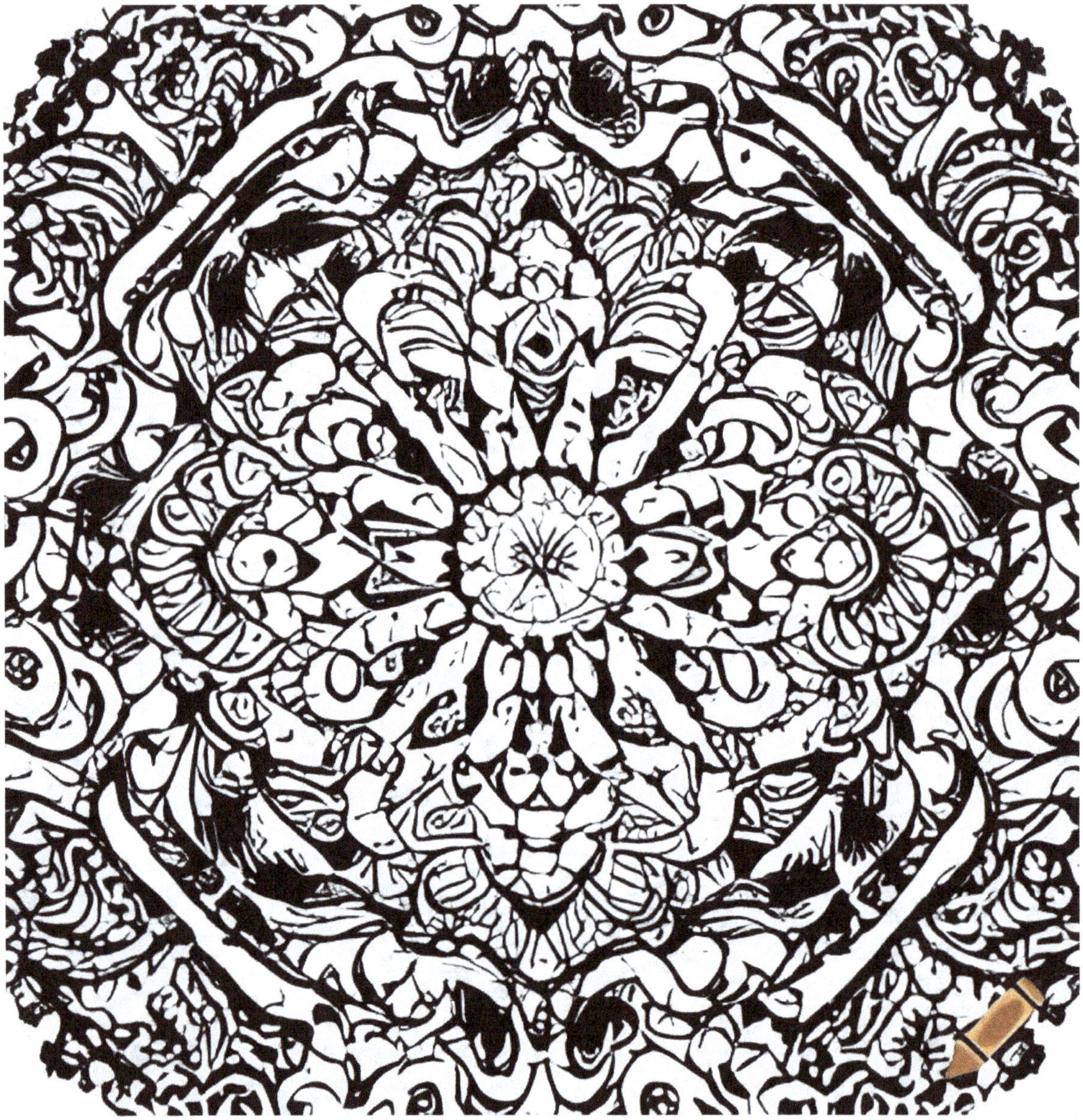

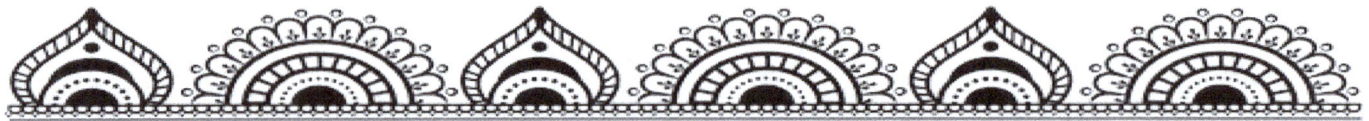

Nunca he conocido a nadie tan ignorante del que no pudiera aprender algo.

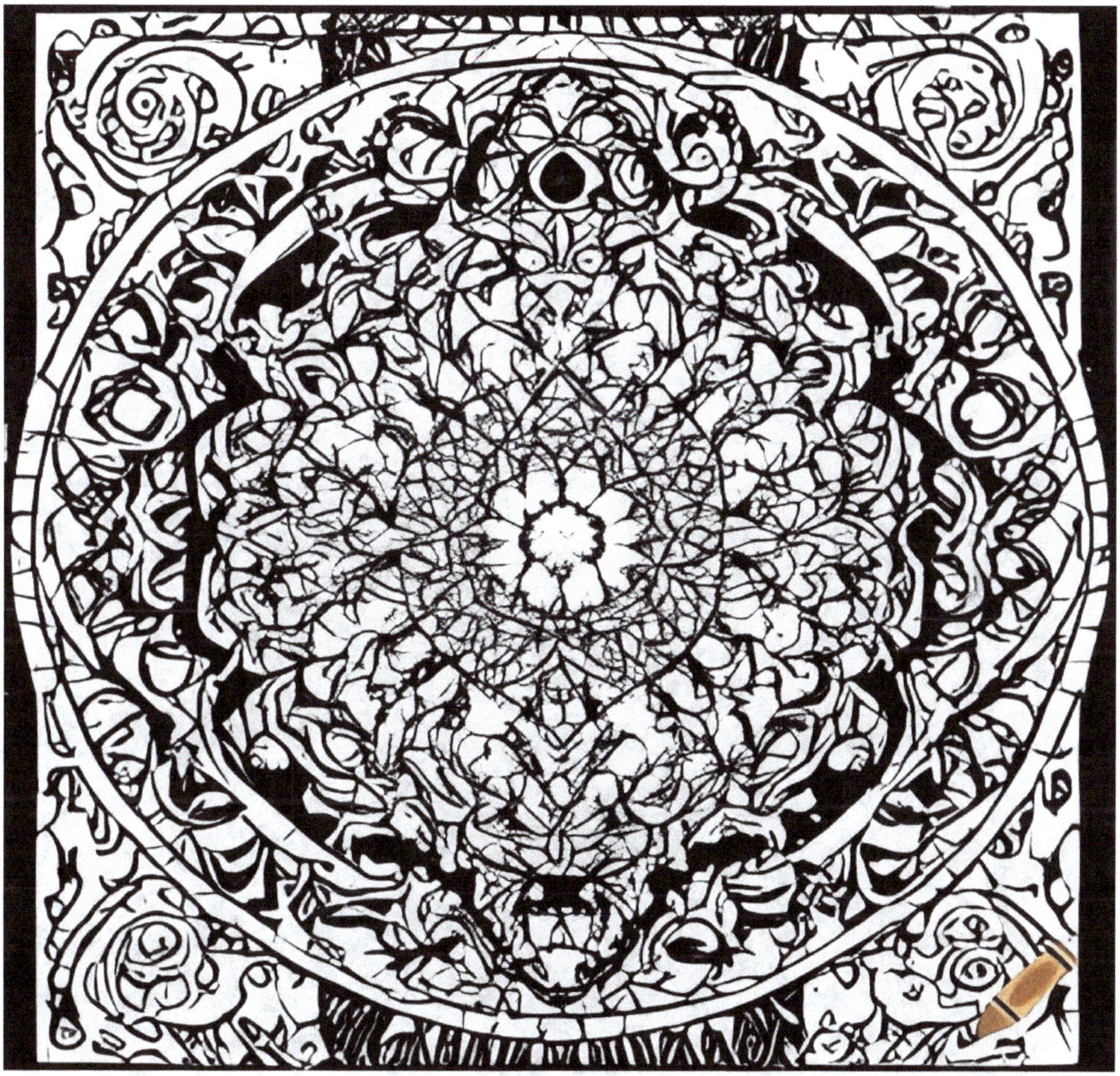

Todo lo que somos es el resultado de lo que hemos pensado. Si un hombre habla o actúa con dolor, le sigue el dolor. Si lo hace con un pensamiento puro, la felicidad lo sigue como una sombra que nunca lo abandona.

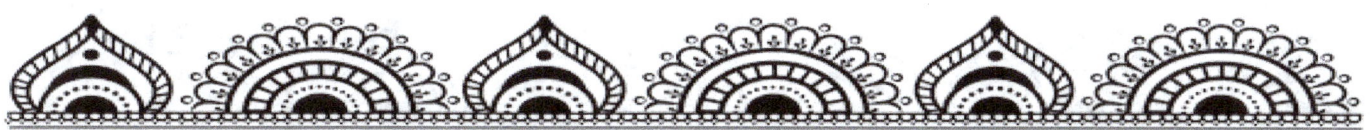

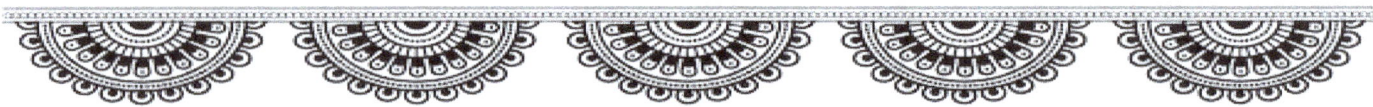

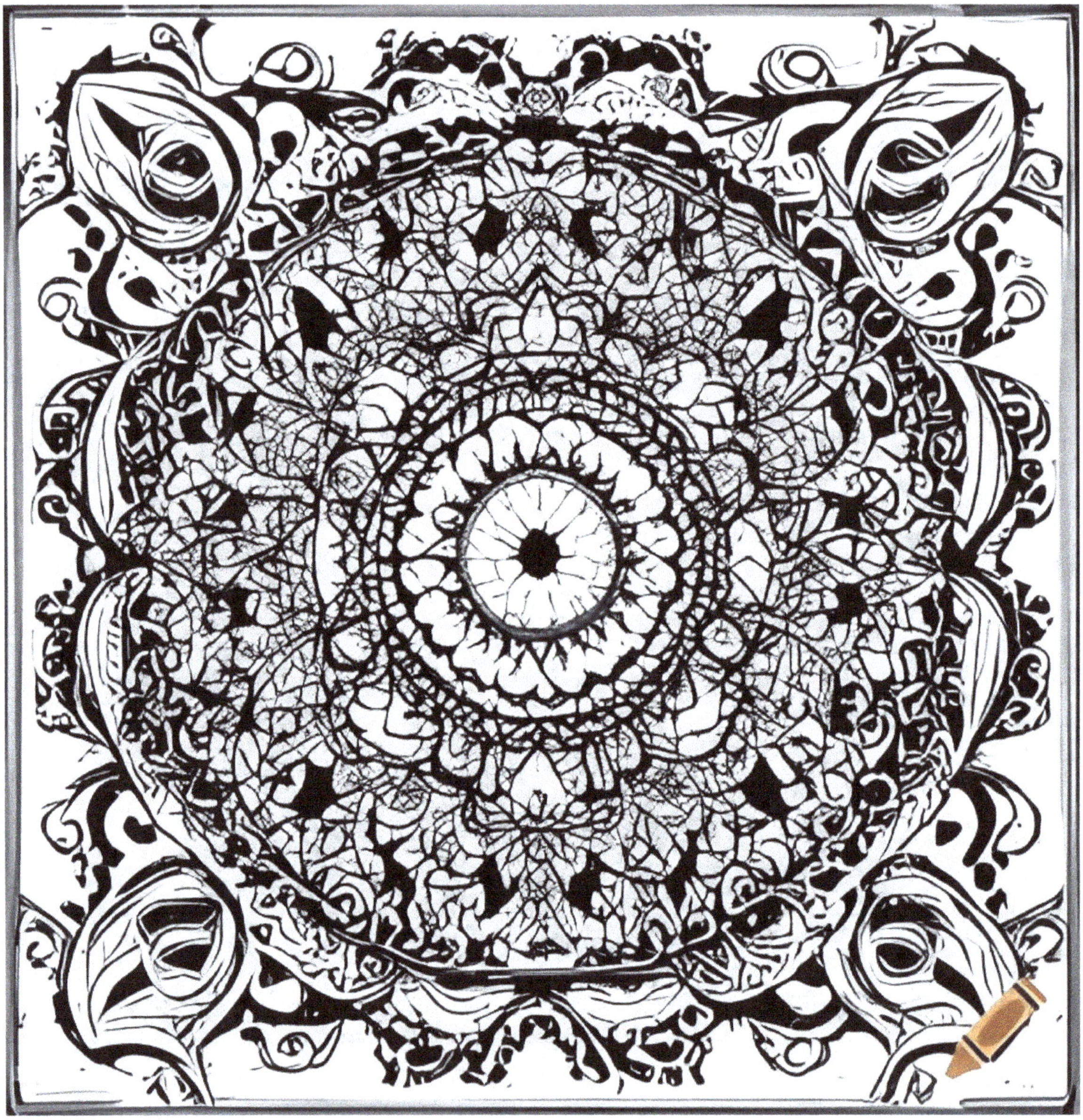

No vivas en el pasado, no imagines el futuro,
concentra la mente en el momento presente.

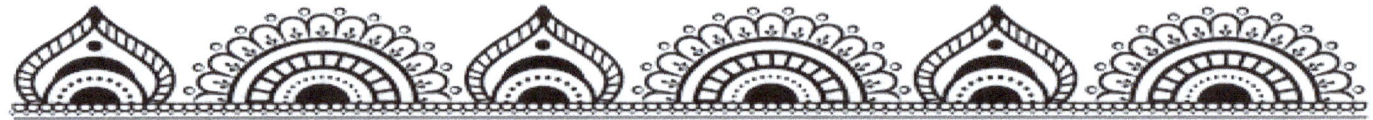

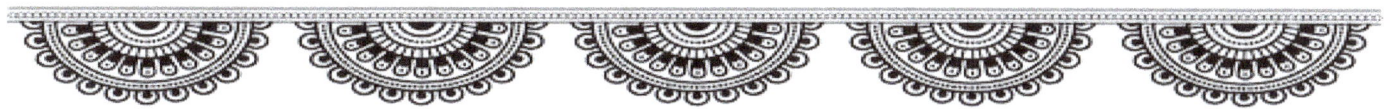

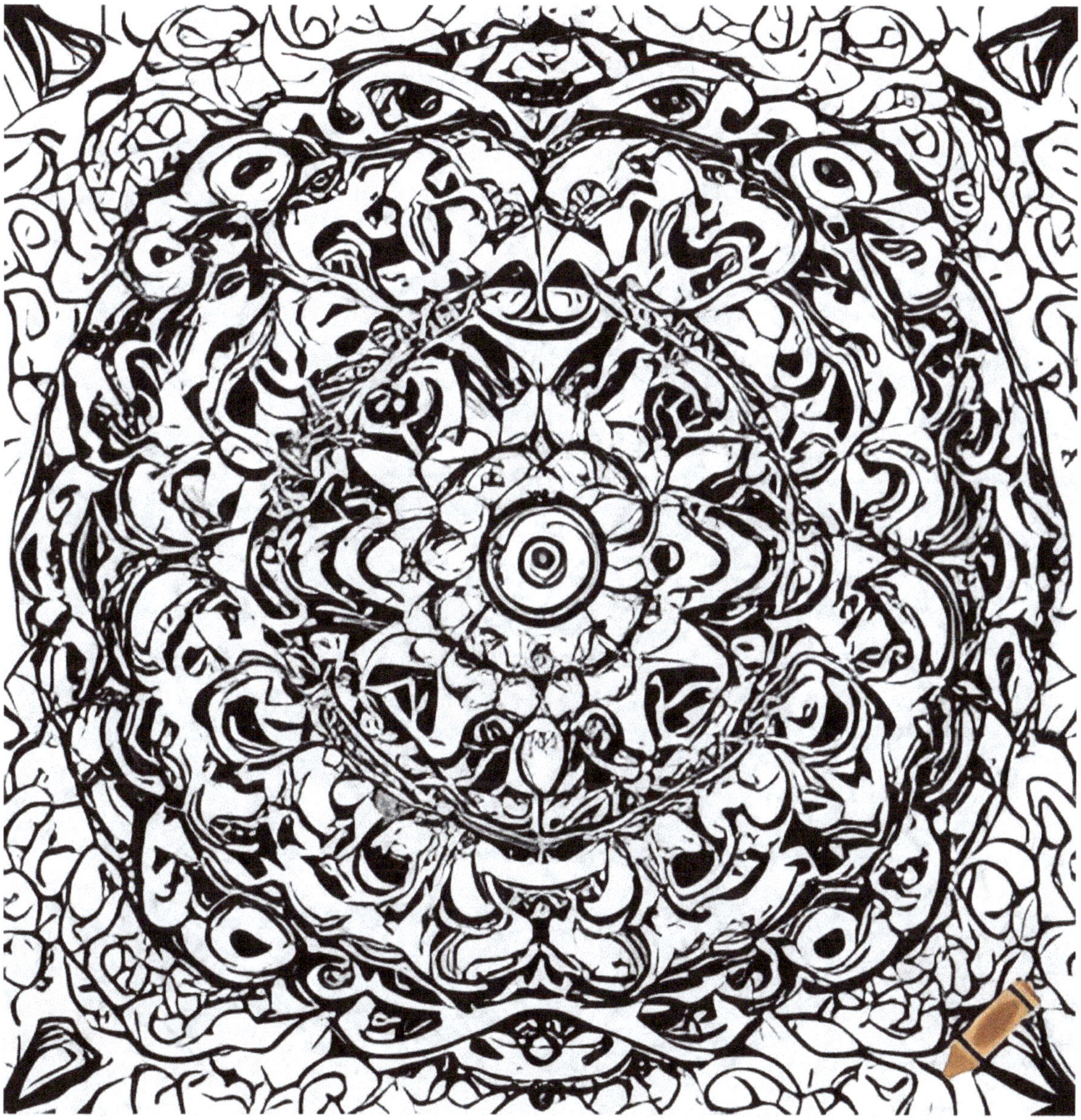

No hay suficiente oscuridad en todo el mundo para apagar la luz de una pequeña vela.

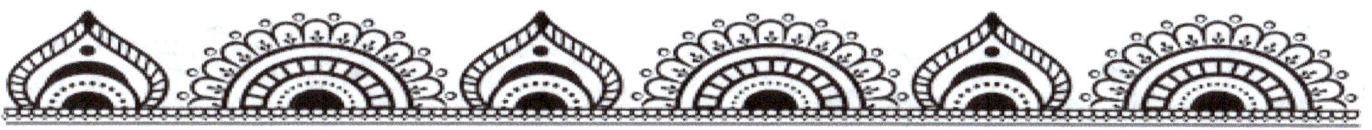

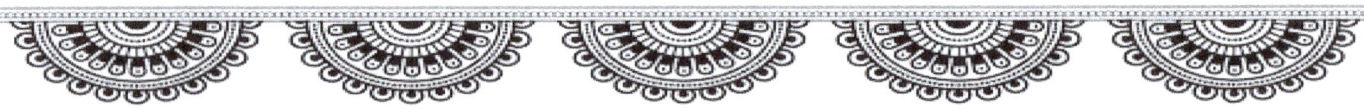

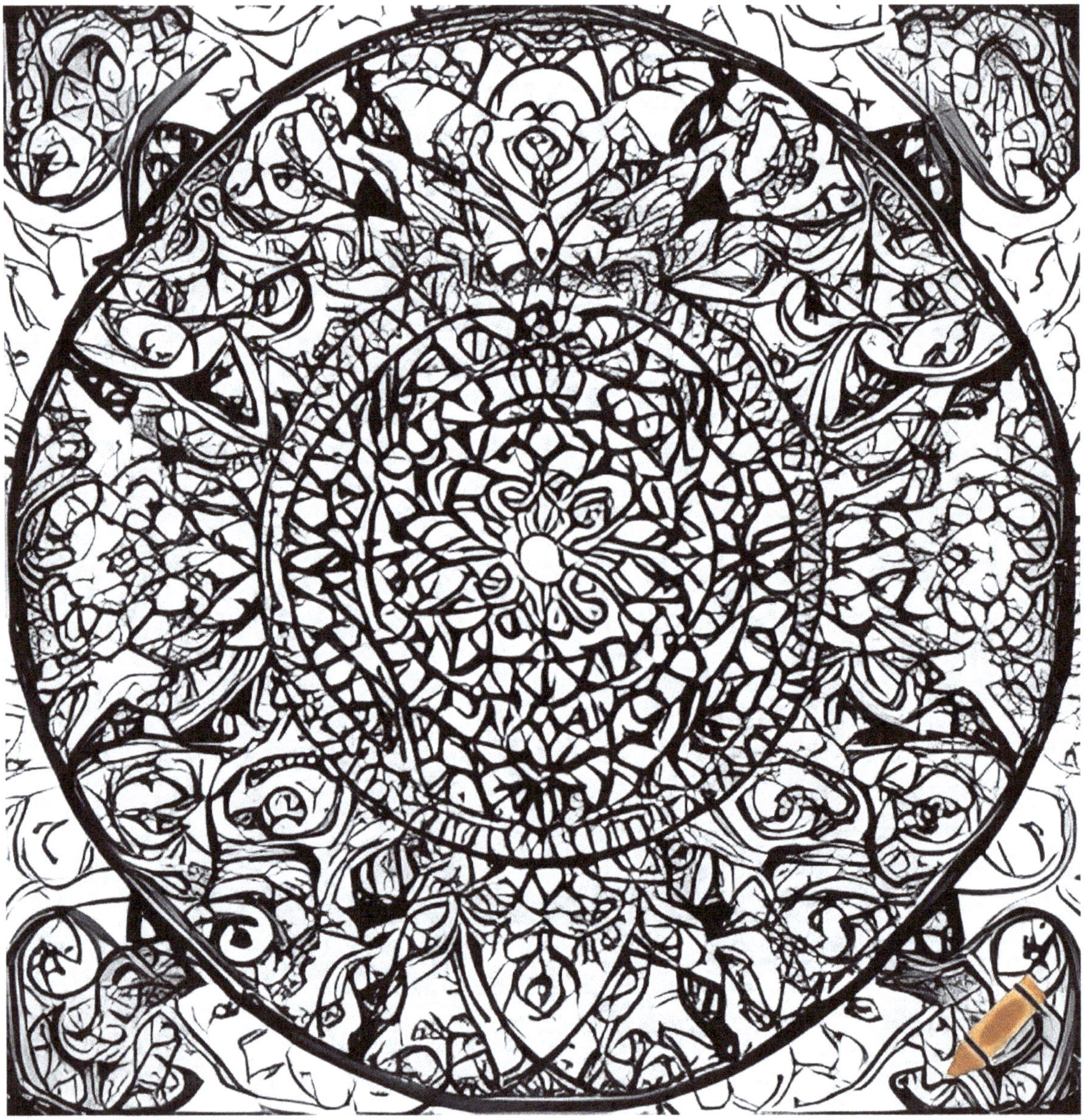

Yo no creo en un destino para los hombres independiente a cómo actúen; creo que les alcanzará el destino a menos que actúen para cambiarlo.

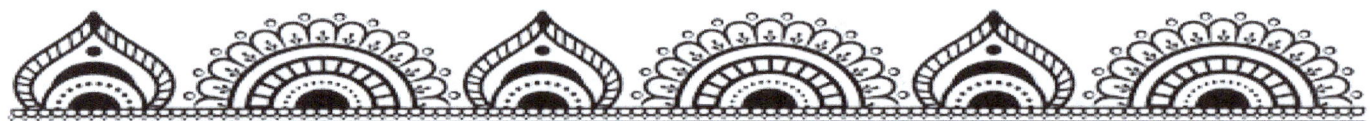

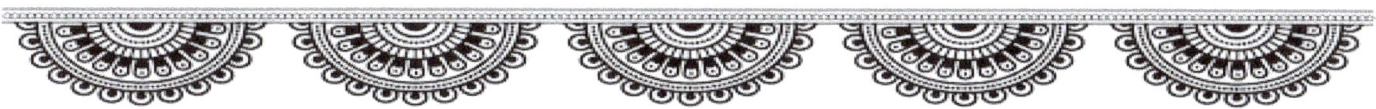

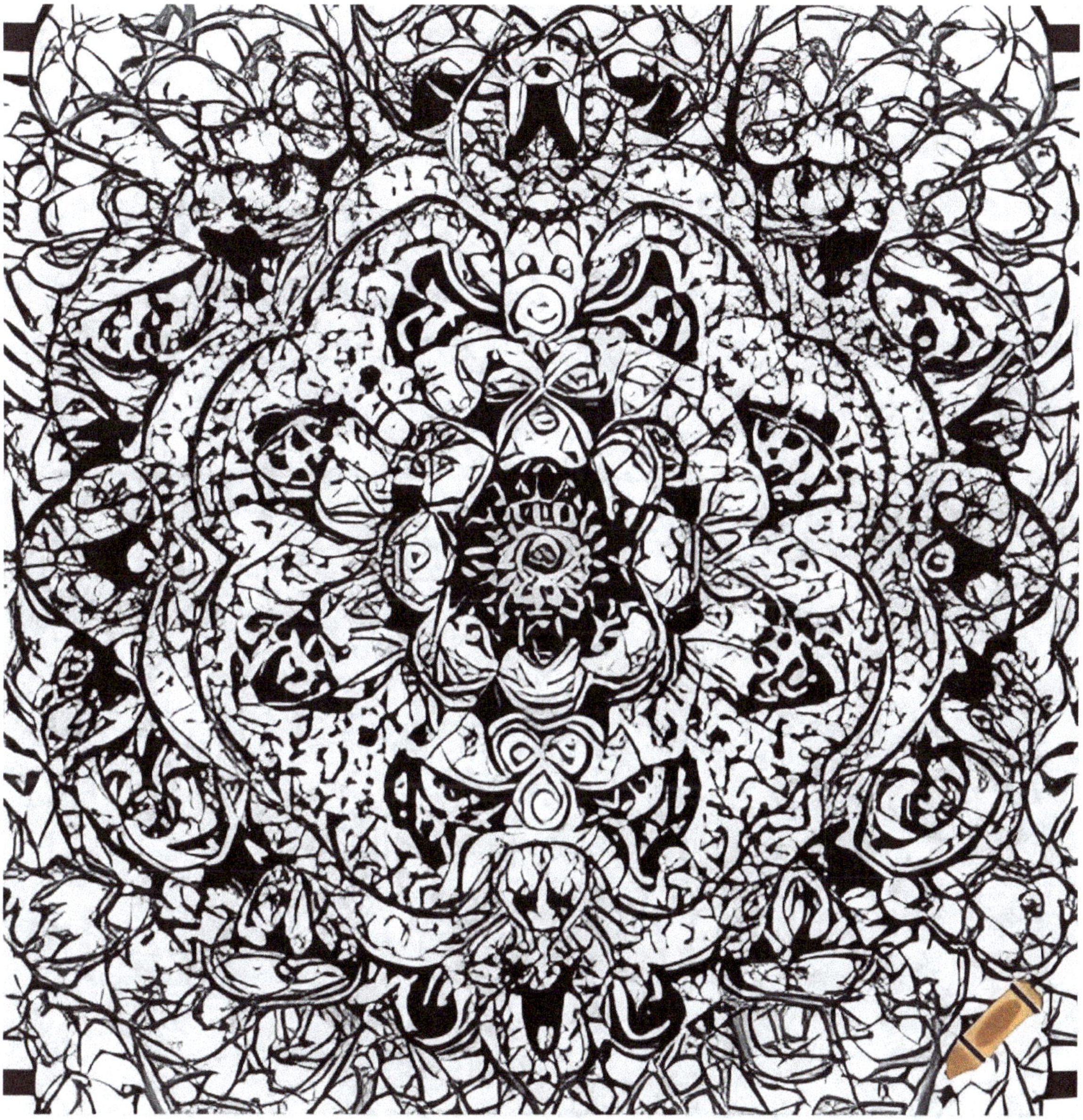

En cualquier batalla pierden vencedores y vencidos

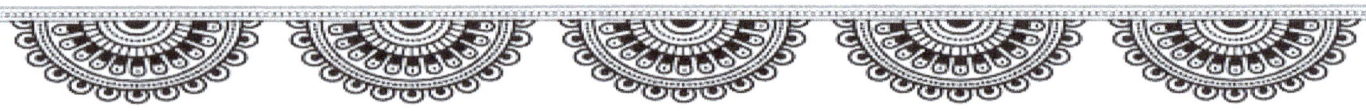

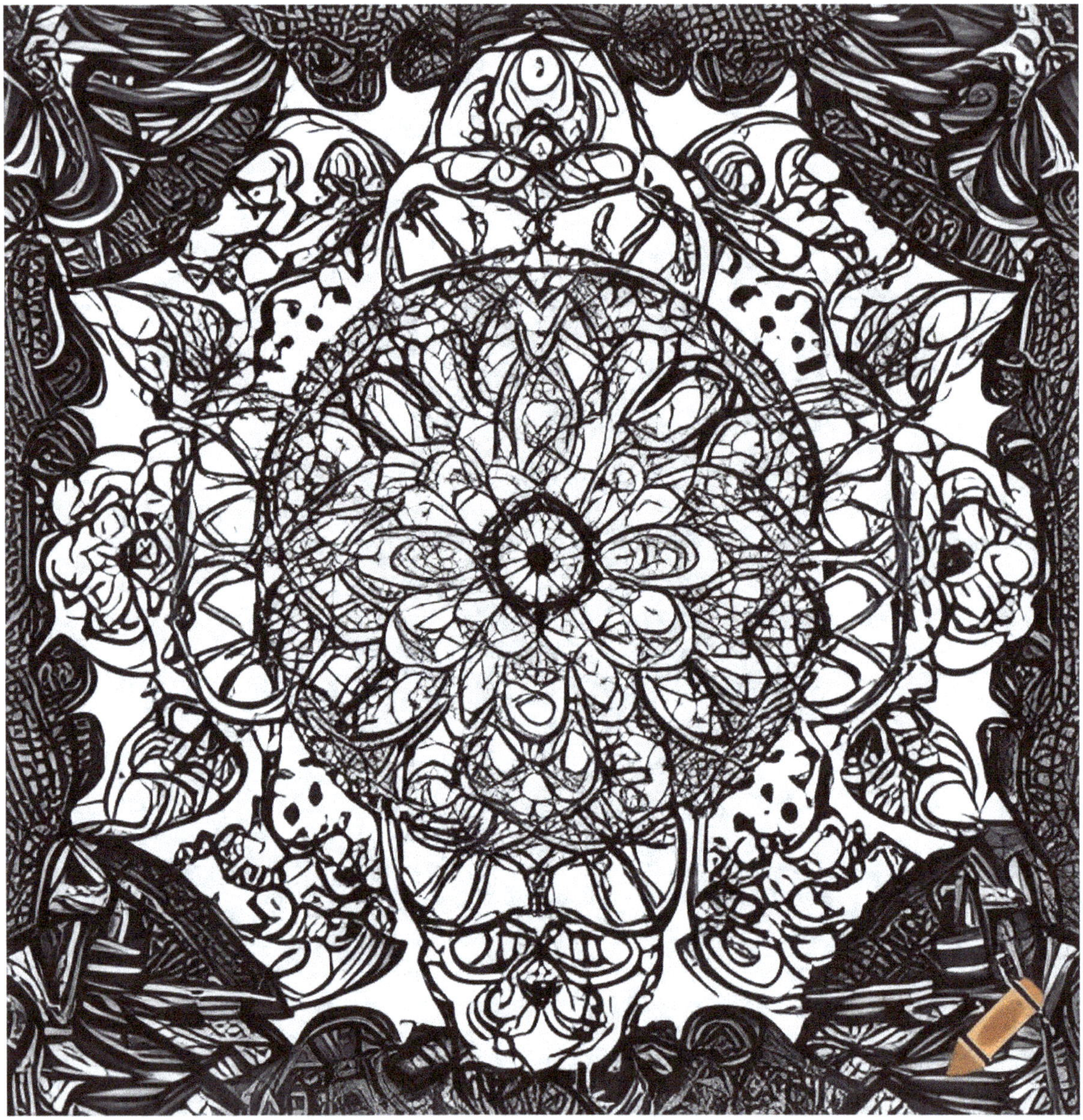

Toma consciencia de dónde te encuentras; de lo contrario perderás tu vida.

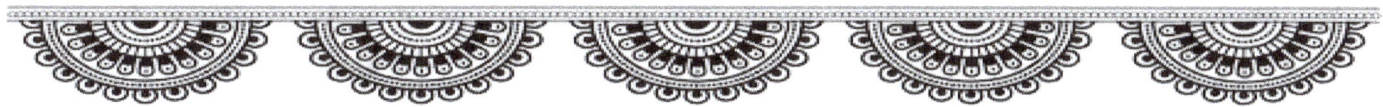

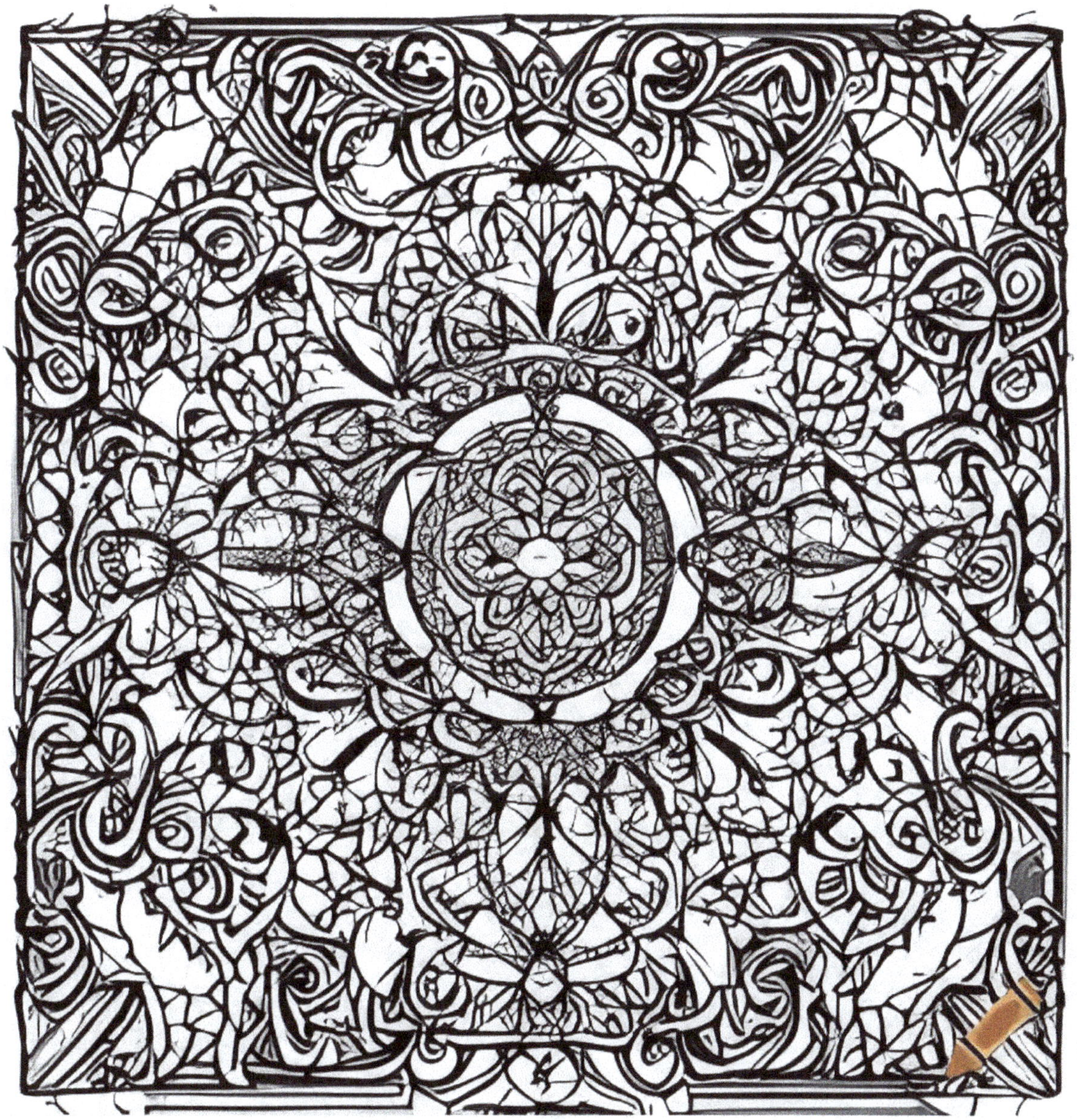

Hay tres cosas que no se pueden ocultar por mucho tiempo: El sol, la luna y la verdad.

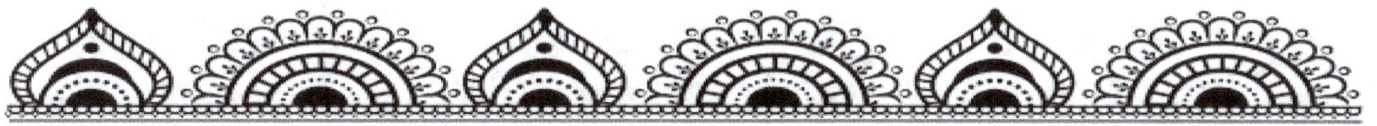

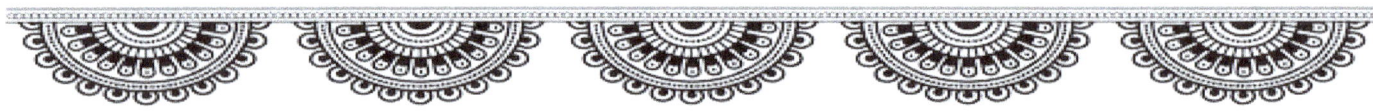

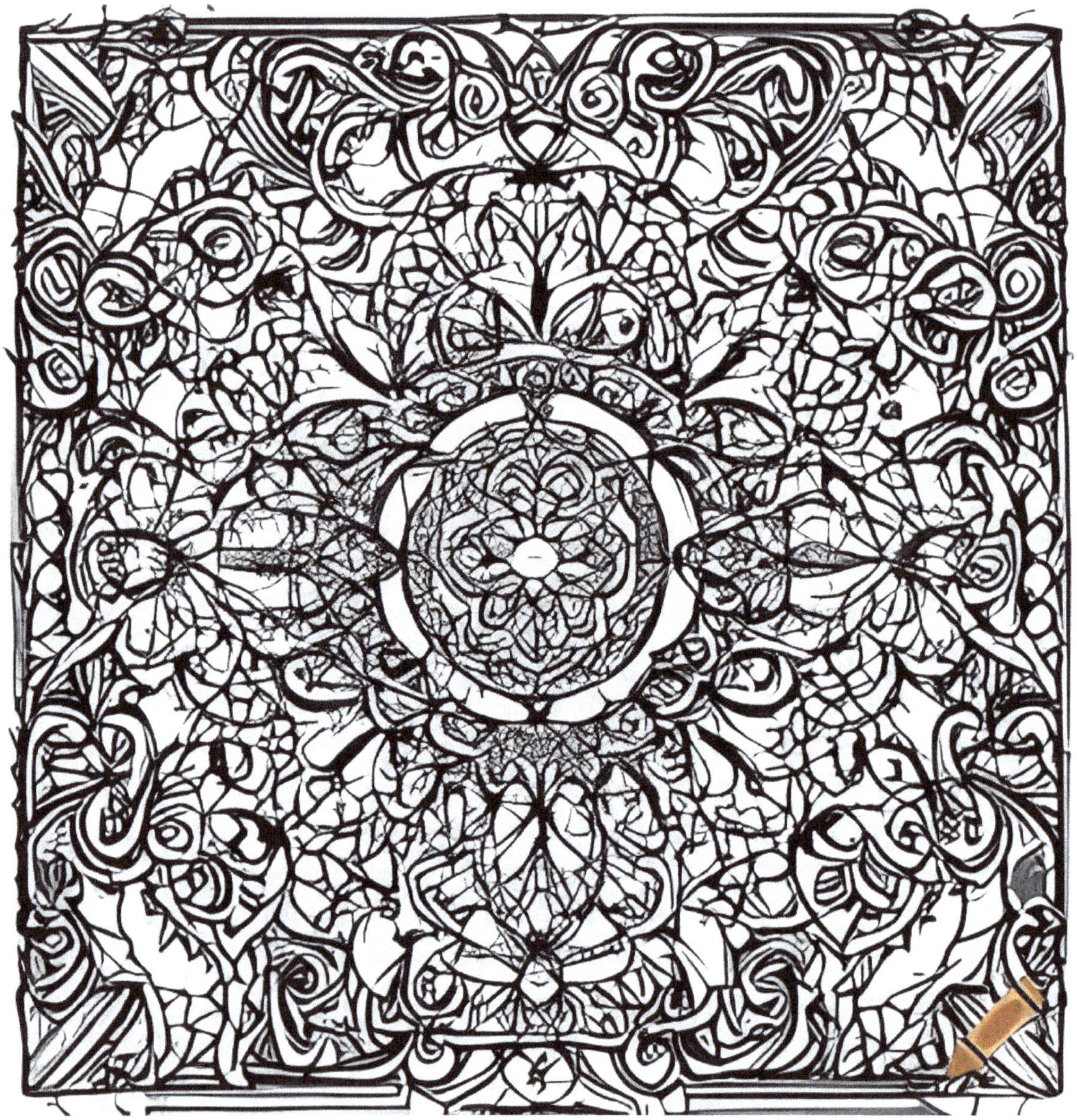

Todo ser humano es el creador de su propia salud o enfermedad.

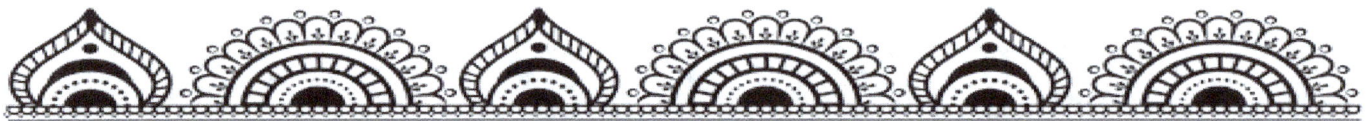

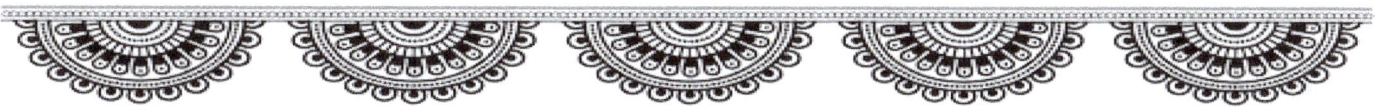

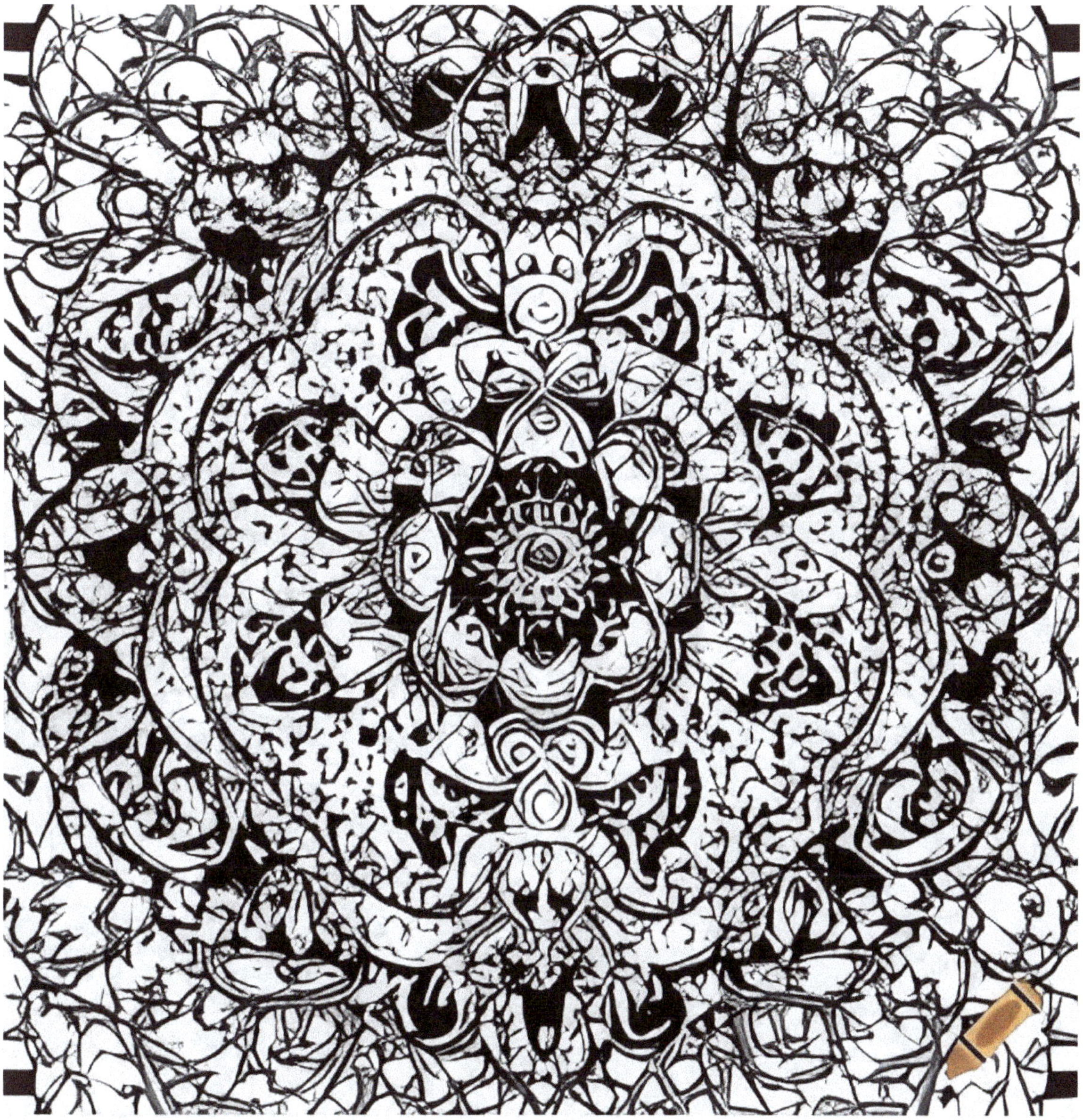

Para tener buena salud, encontrar la felicidad verdadera en la familia y traer paz a todos, el hombre debe primero controlar su propia mente. Si lo logra, habrá llegado a la iluminación, y toda la sabiduría y virtud vendrán naturalmente a él.

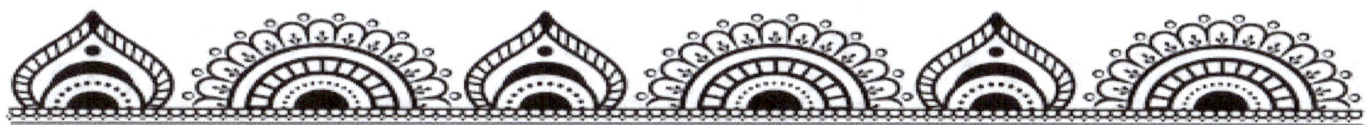

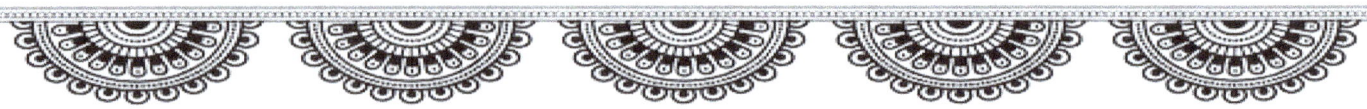

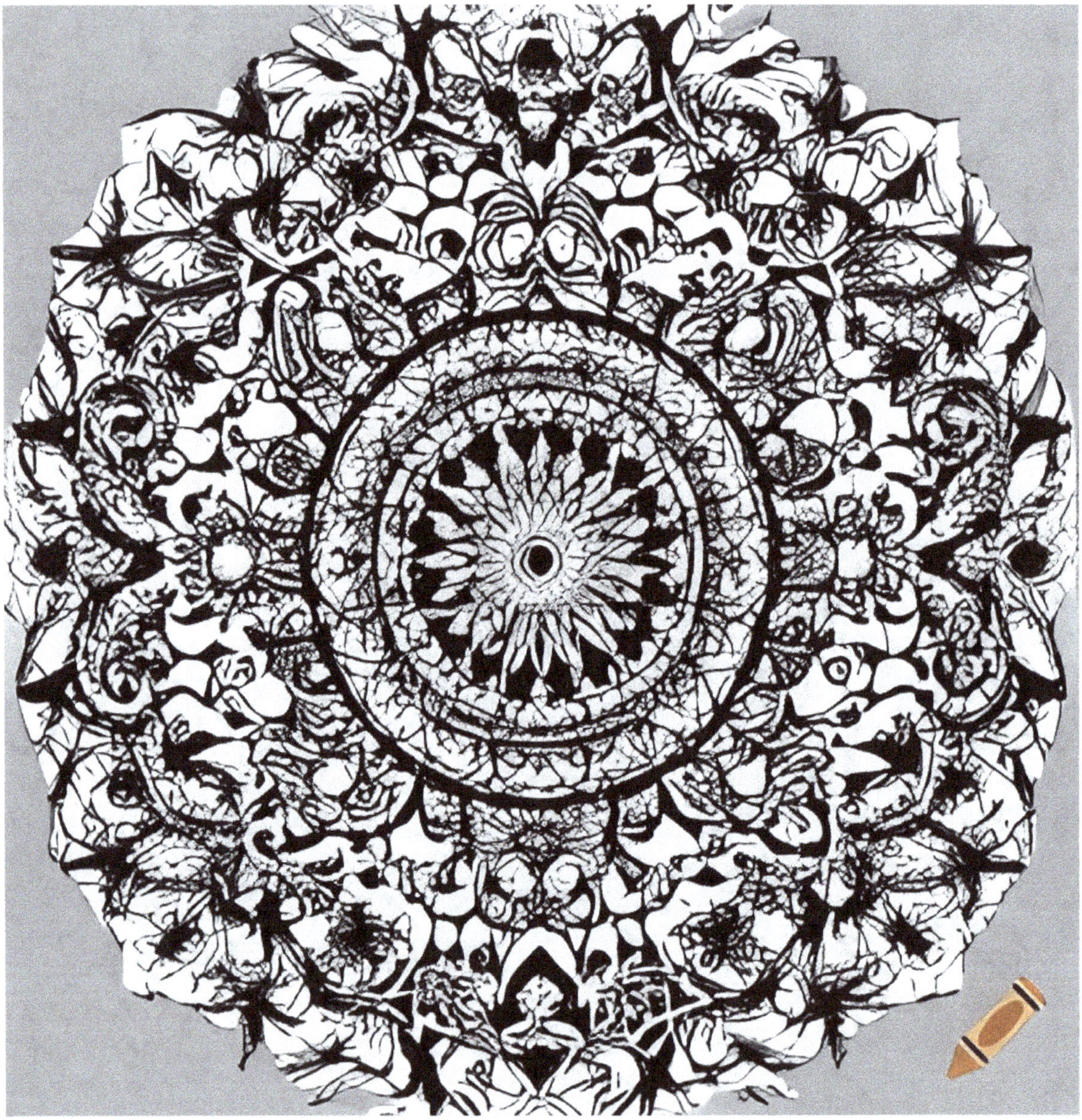

No lastimes a los demás con lo que te causa dolor a ti mismo.

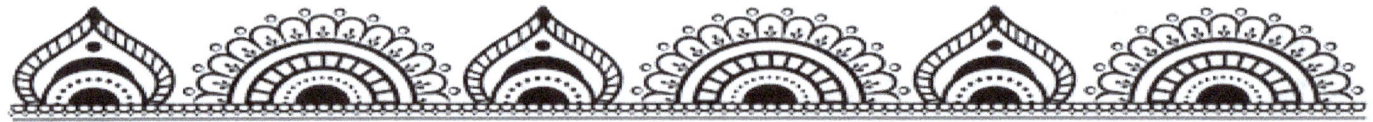

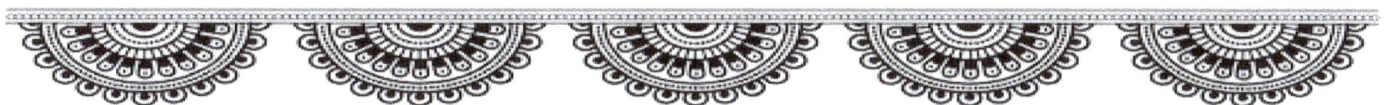

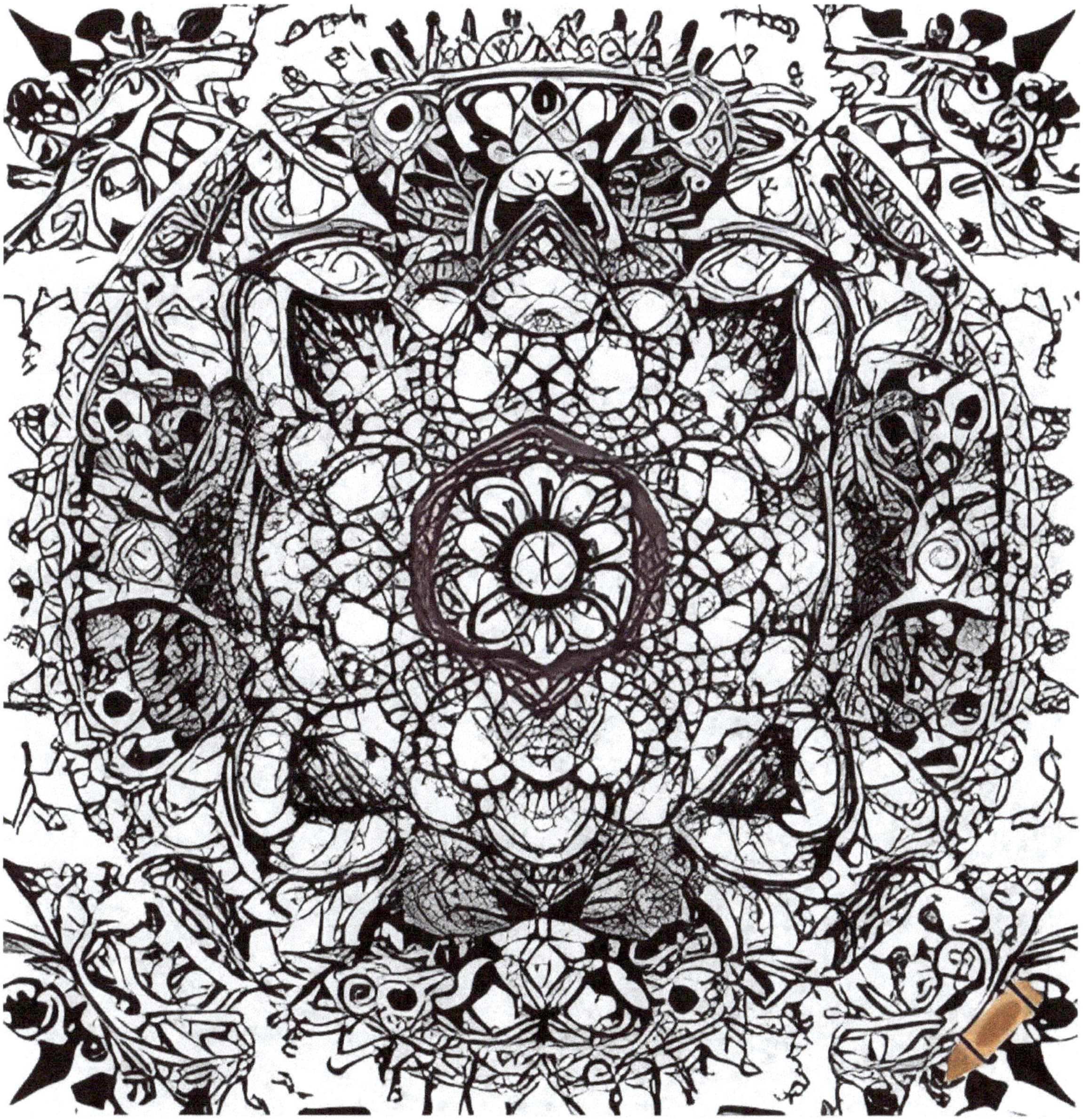

A un loco se le conoce por sus actos, a un sabio también.

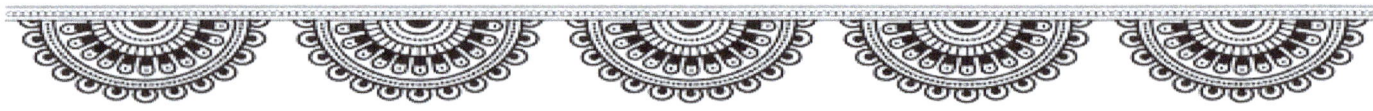

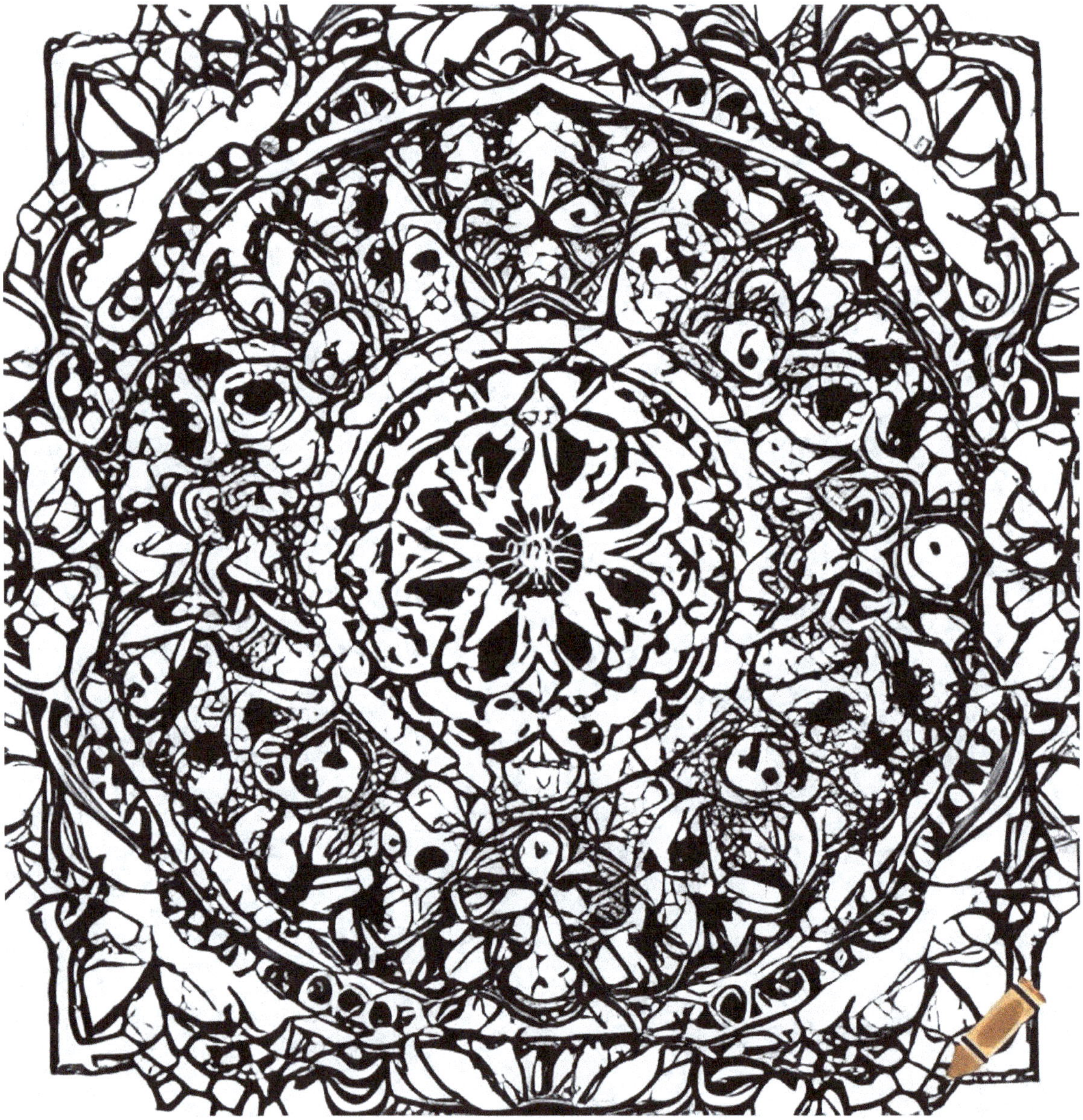

Miles de velas pueden ser encendidas a partir de una sola, y la vida de esa vela no se acortará. La felicidad nunca disminuirá por ser compartida.

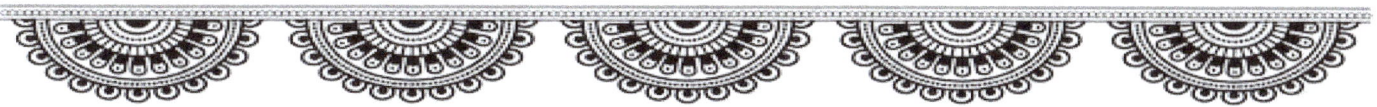

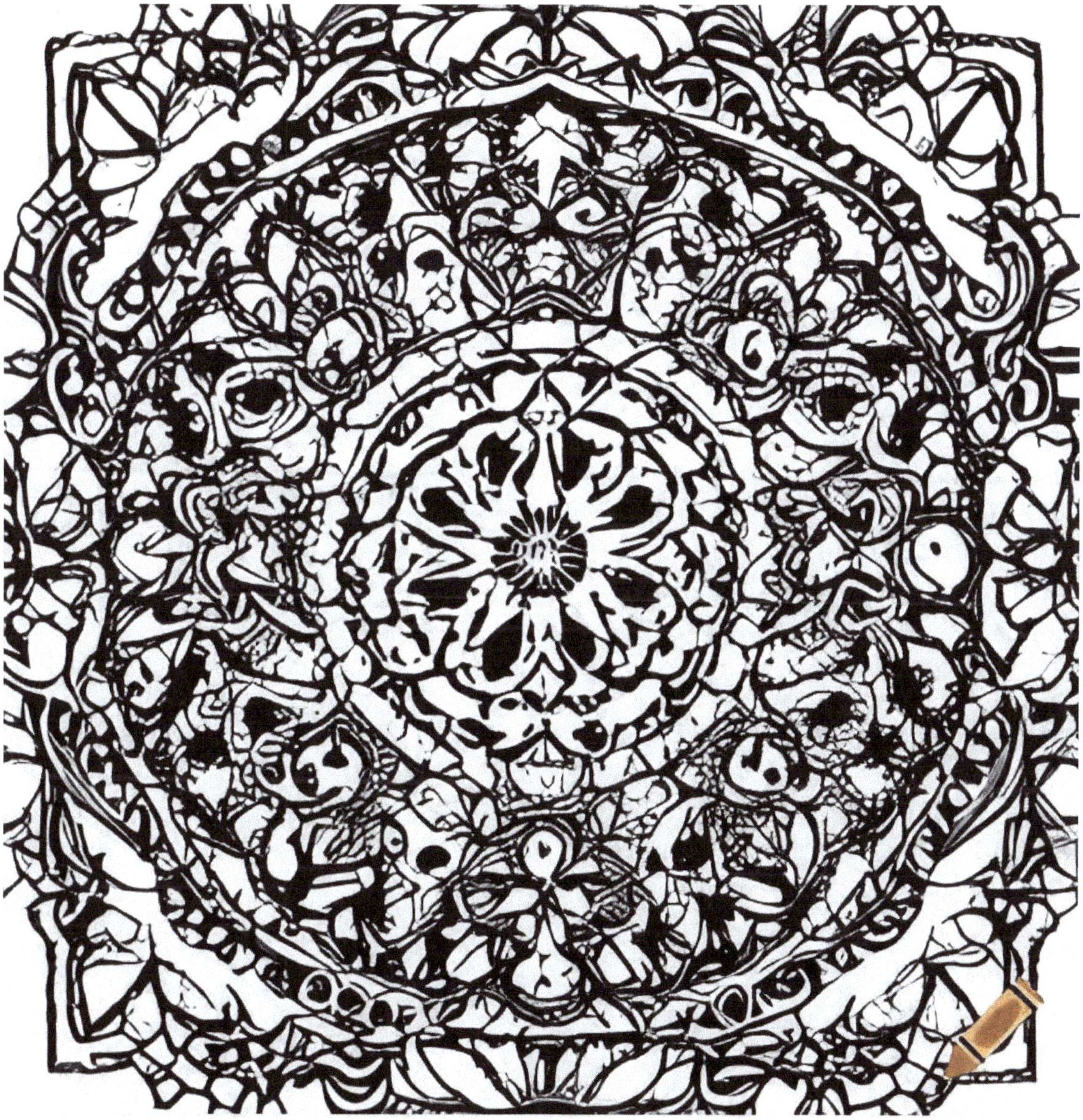

Cuando uno se libera del gusto por lo malo, cuando
está tranquilo y encuentra placer en las buenas
enseñanzas, cuando se tienen estos sentimientos y
se aprecian, entonces se libera del miedo.

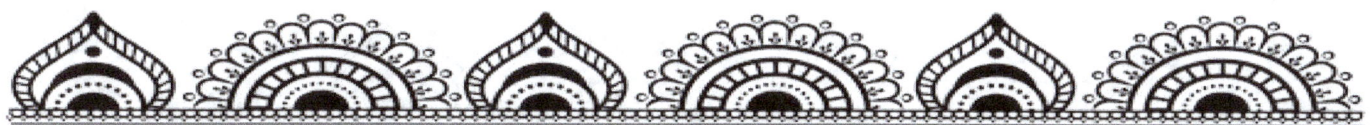

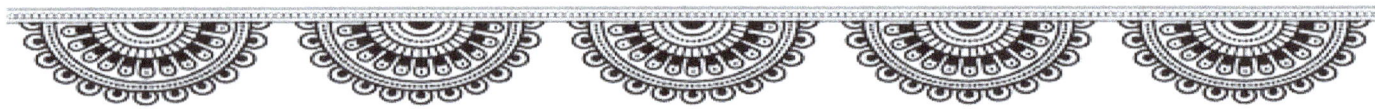

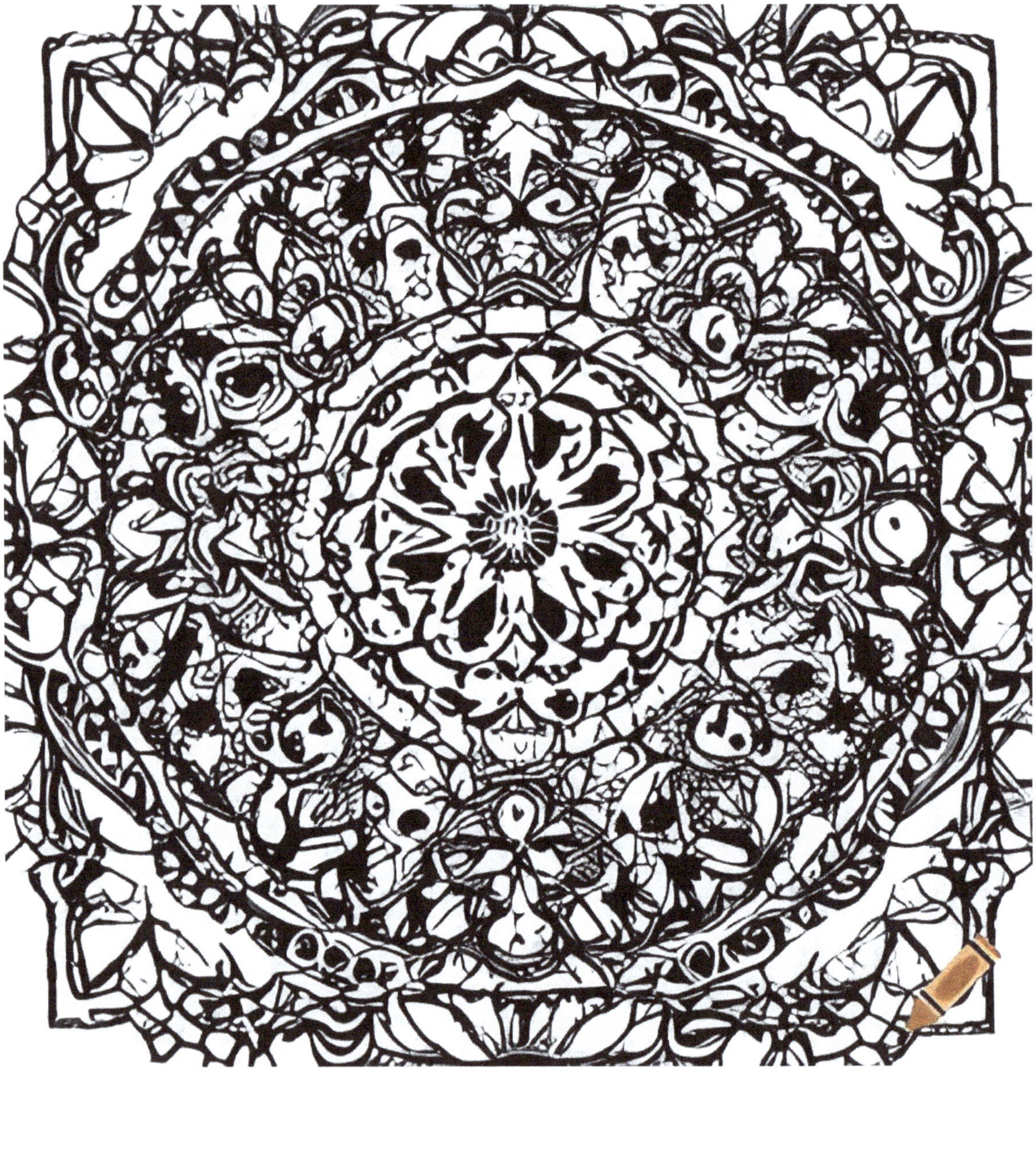

Tú te mereces tu cariño y afecto.

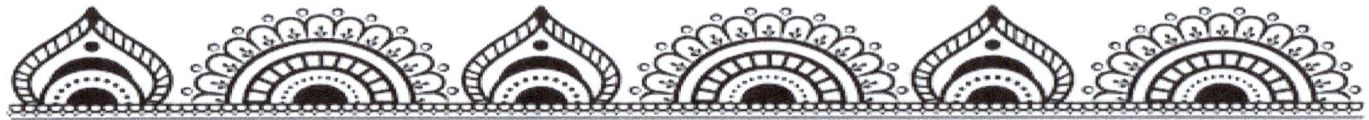

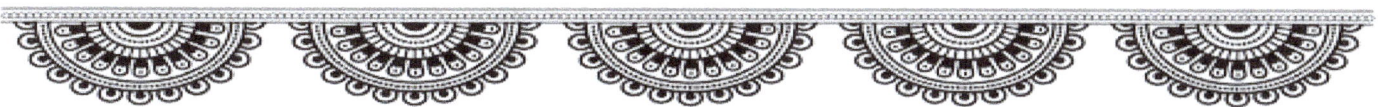

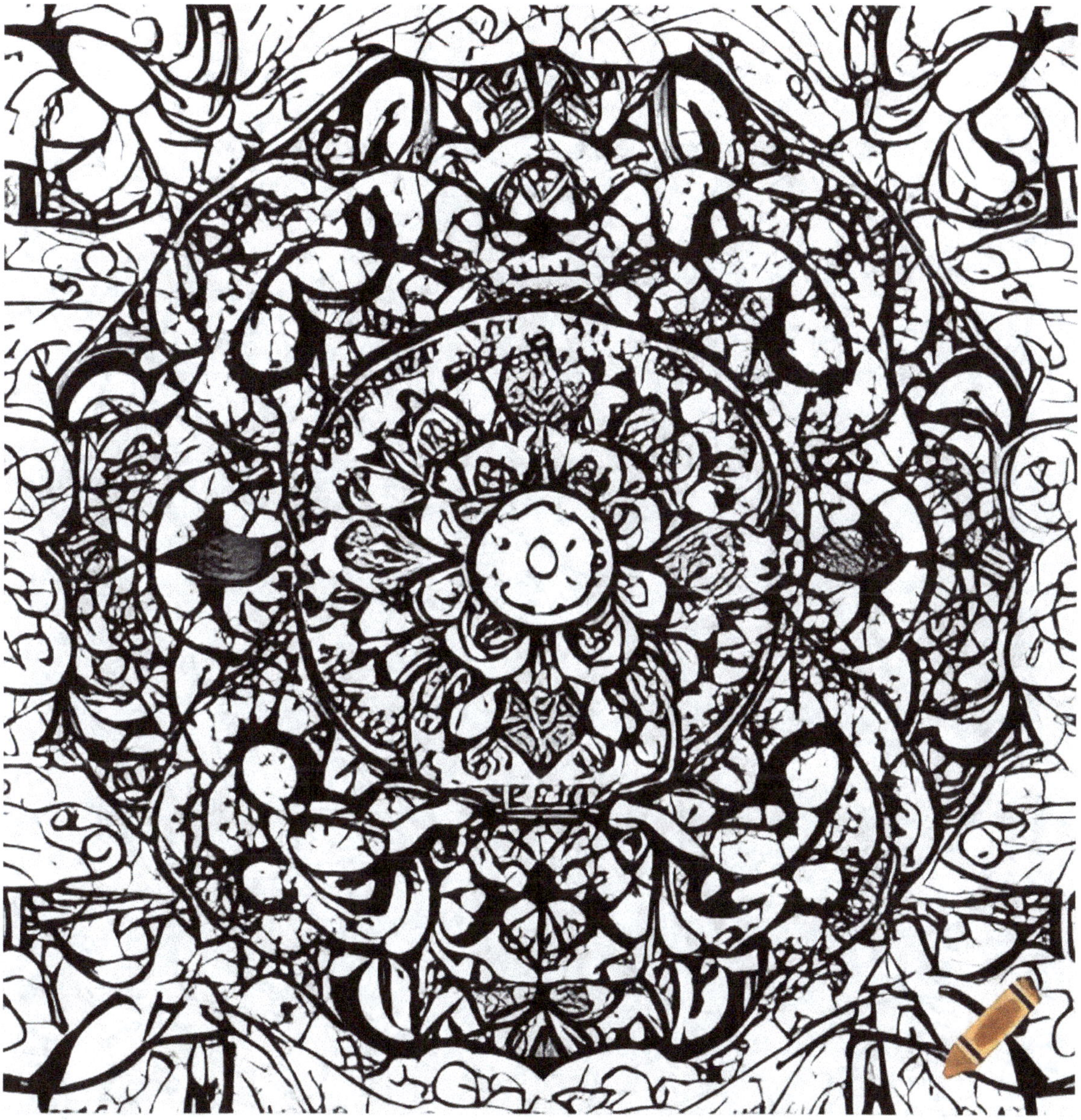

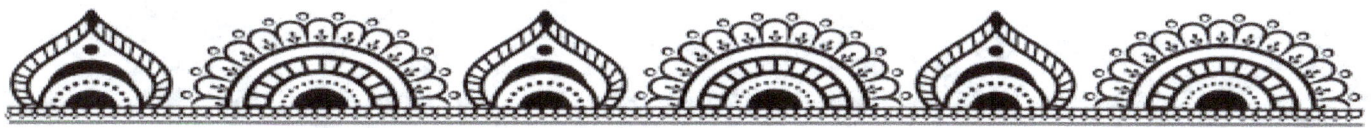

Todos los actos incorrectos vienen de la mente. Si la mente cambia, ¿cómo pueden permanecer esos actos?

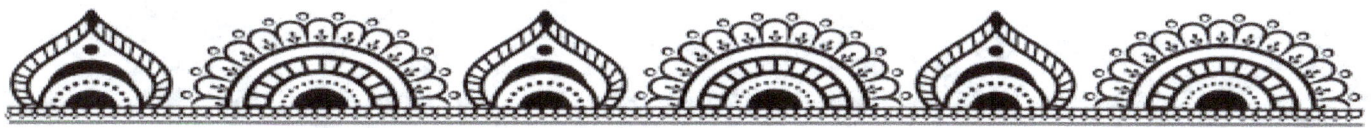

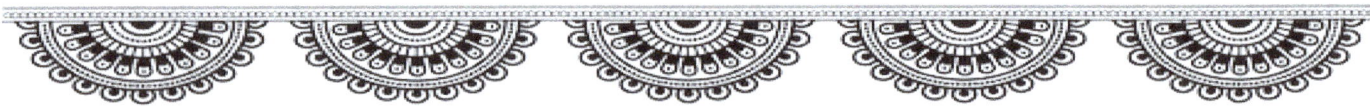

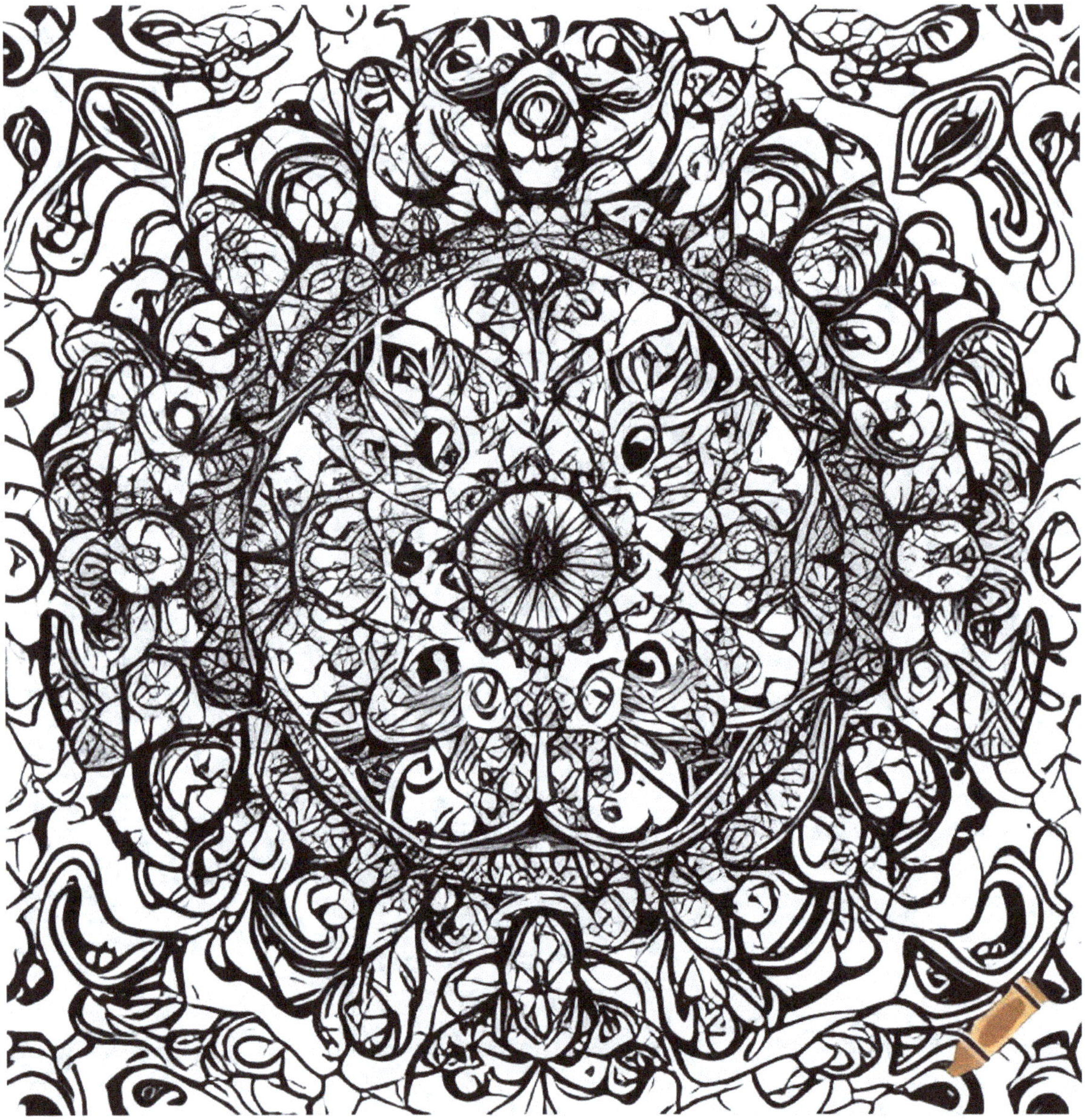

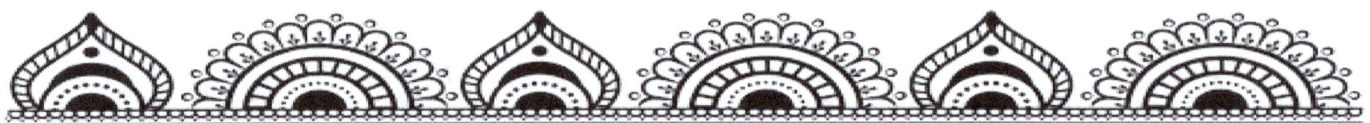

Para vivir una vida desapegada, uno no se debe sentir dueño de nada en medio de la abundancia.

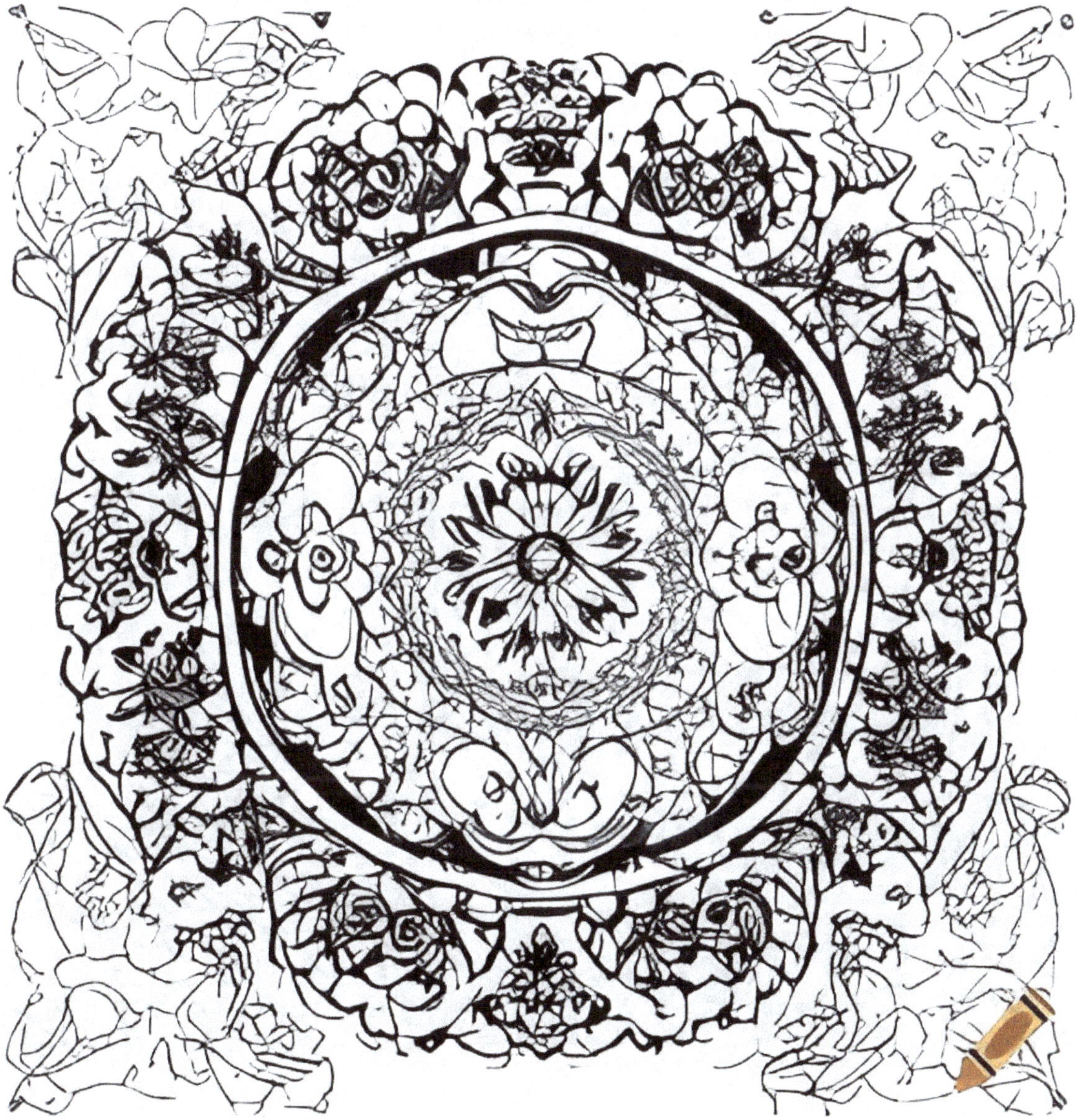

El pasado ya se ha ido, el futuro todavía no está aquí. Sólo hay un momento en el que vives, y es el momento presente.

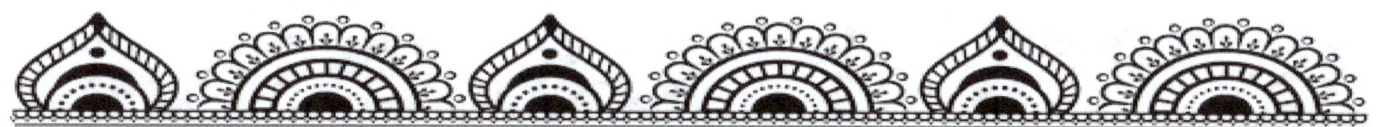

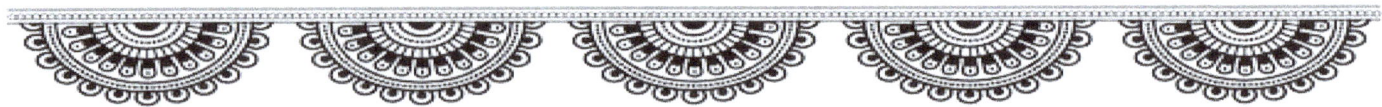

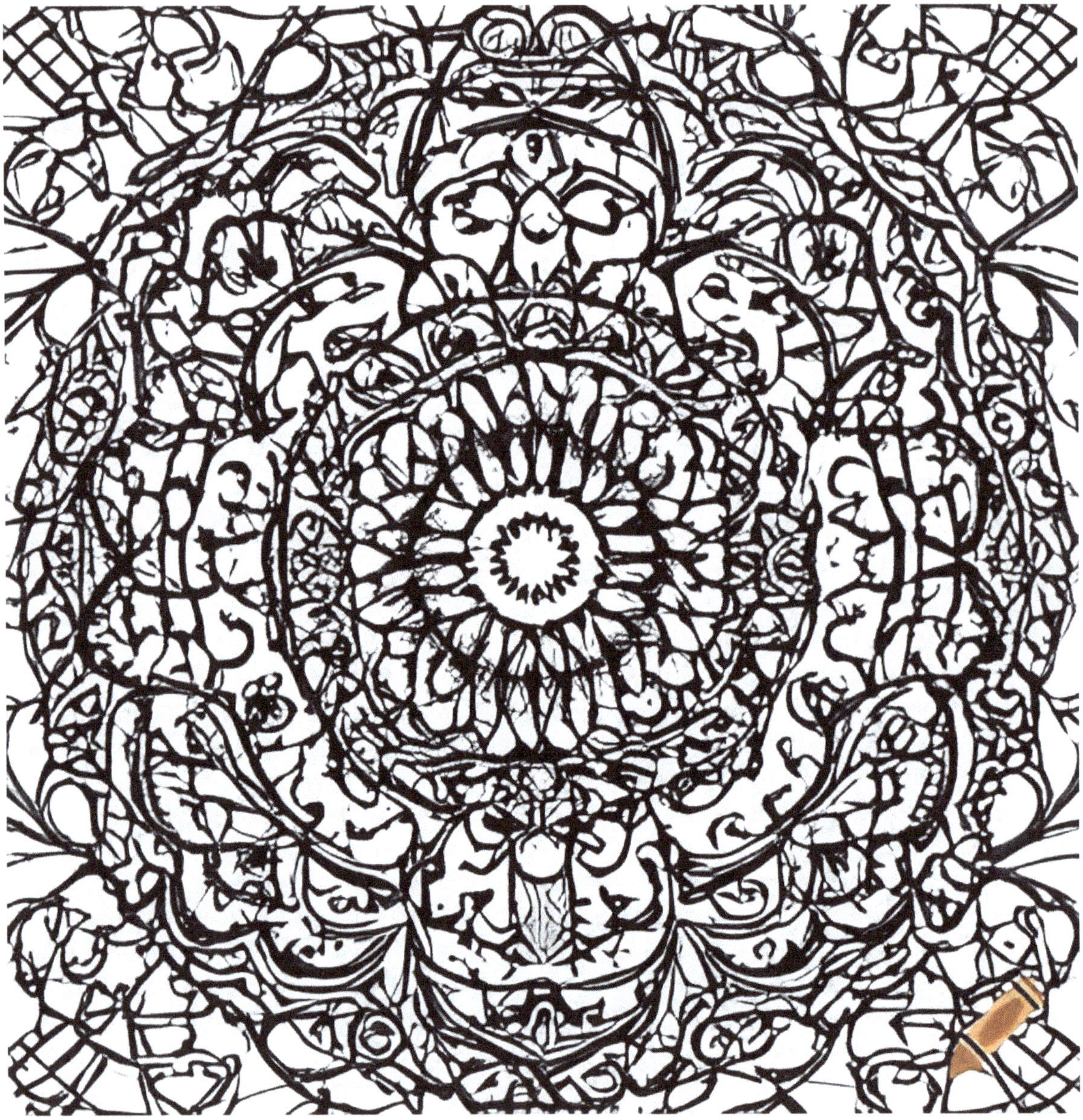

Así como una vela no brilla sin fuego, el hombre no puede existir sin una vida espiritual.

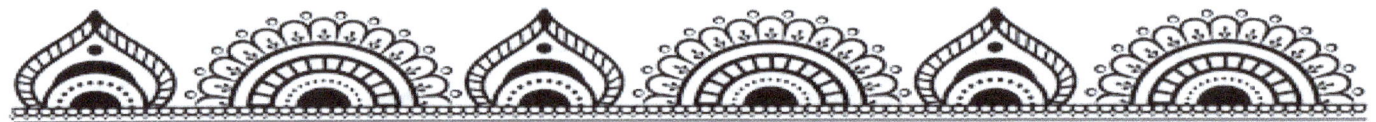

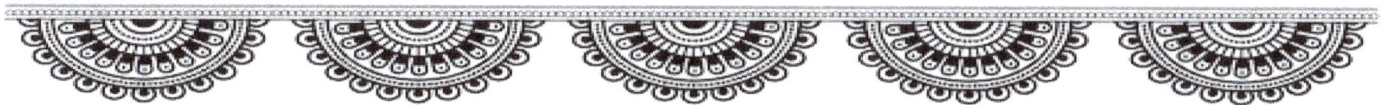

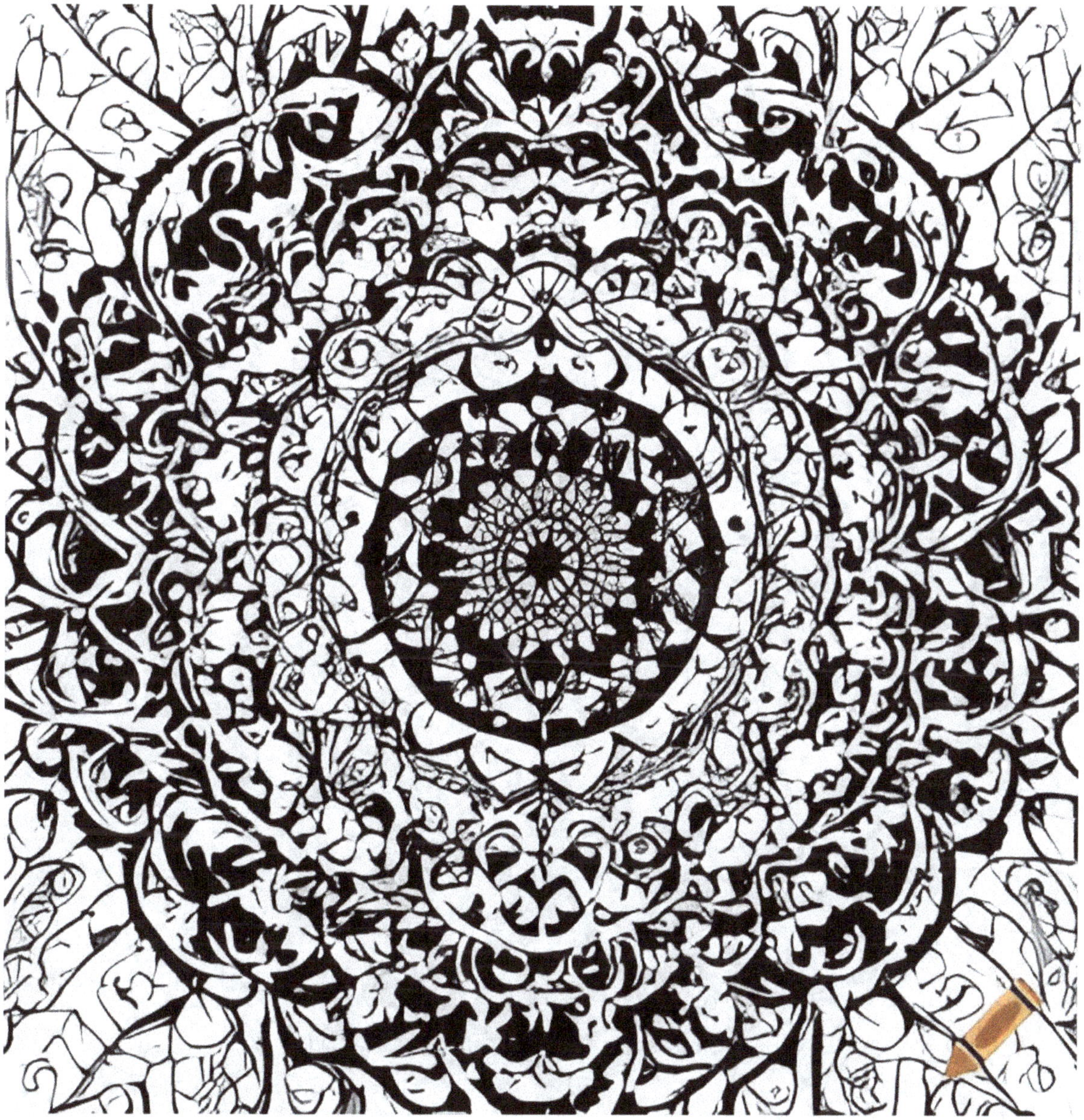

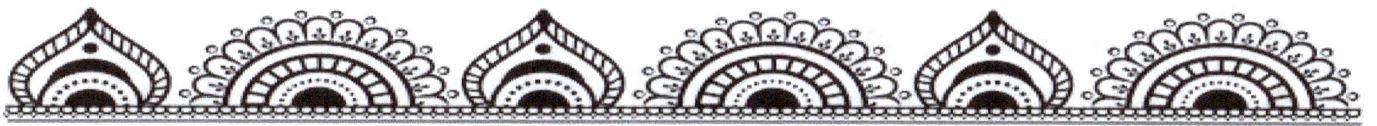

La reflexión es el camino hacia la inmortalidad; la falta de reflexión, el camino hacia la muerte.

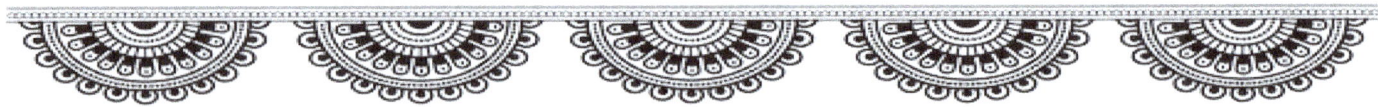

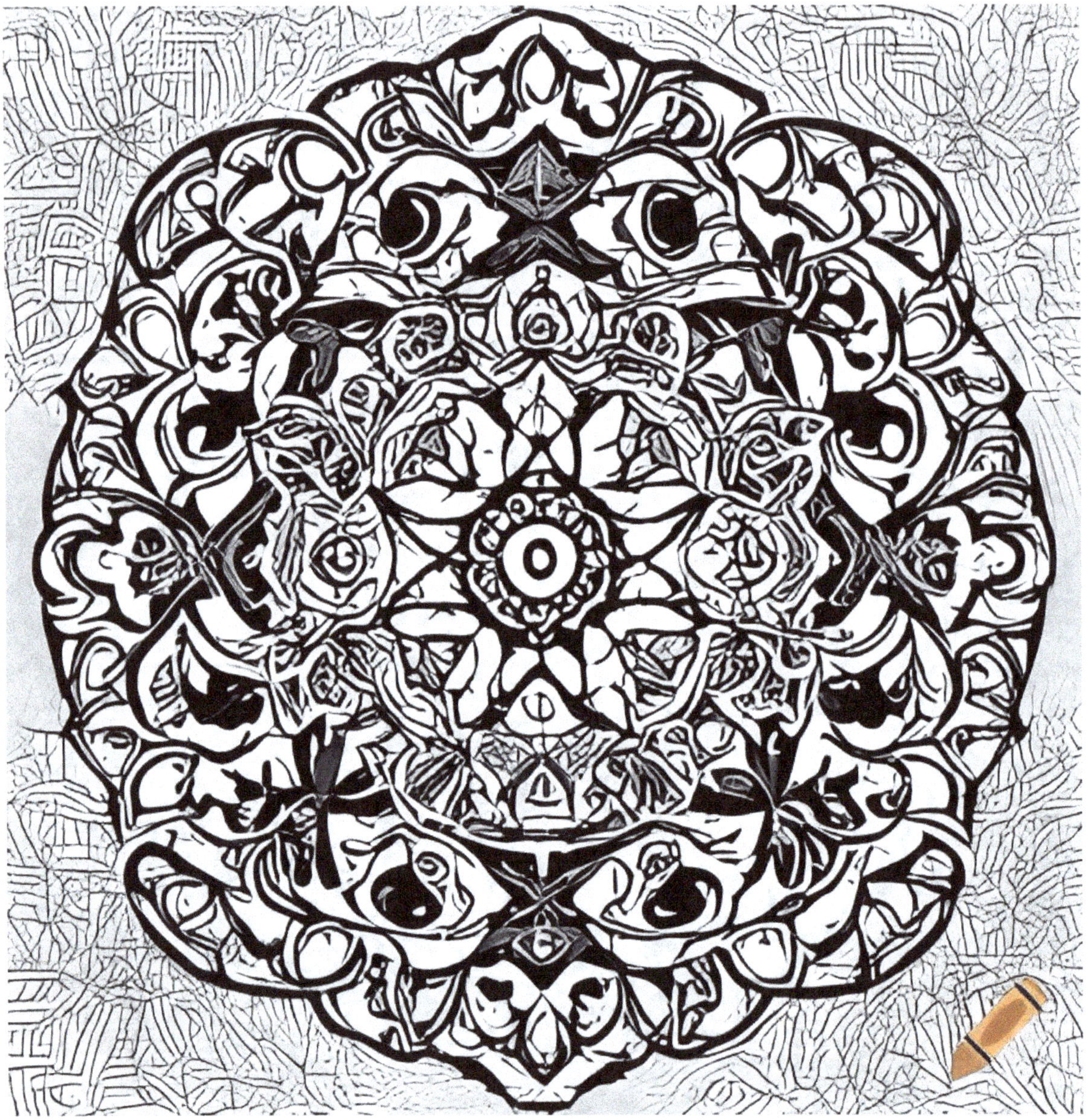

Si pierdes el momento presente, pierdes tu cita con la vida. ¡Eso es muy serio

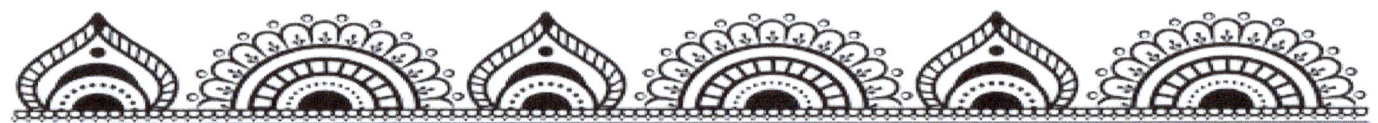

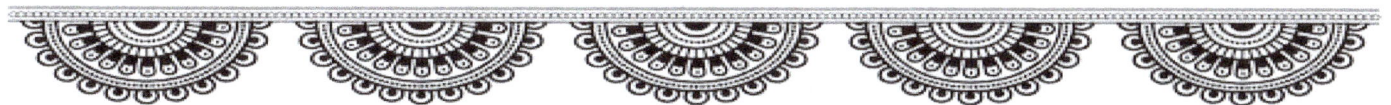

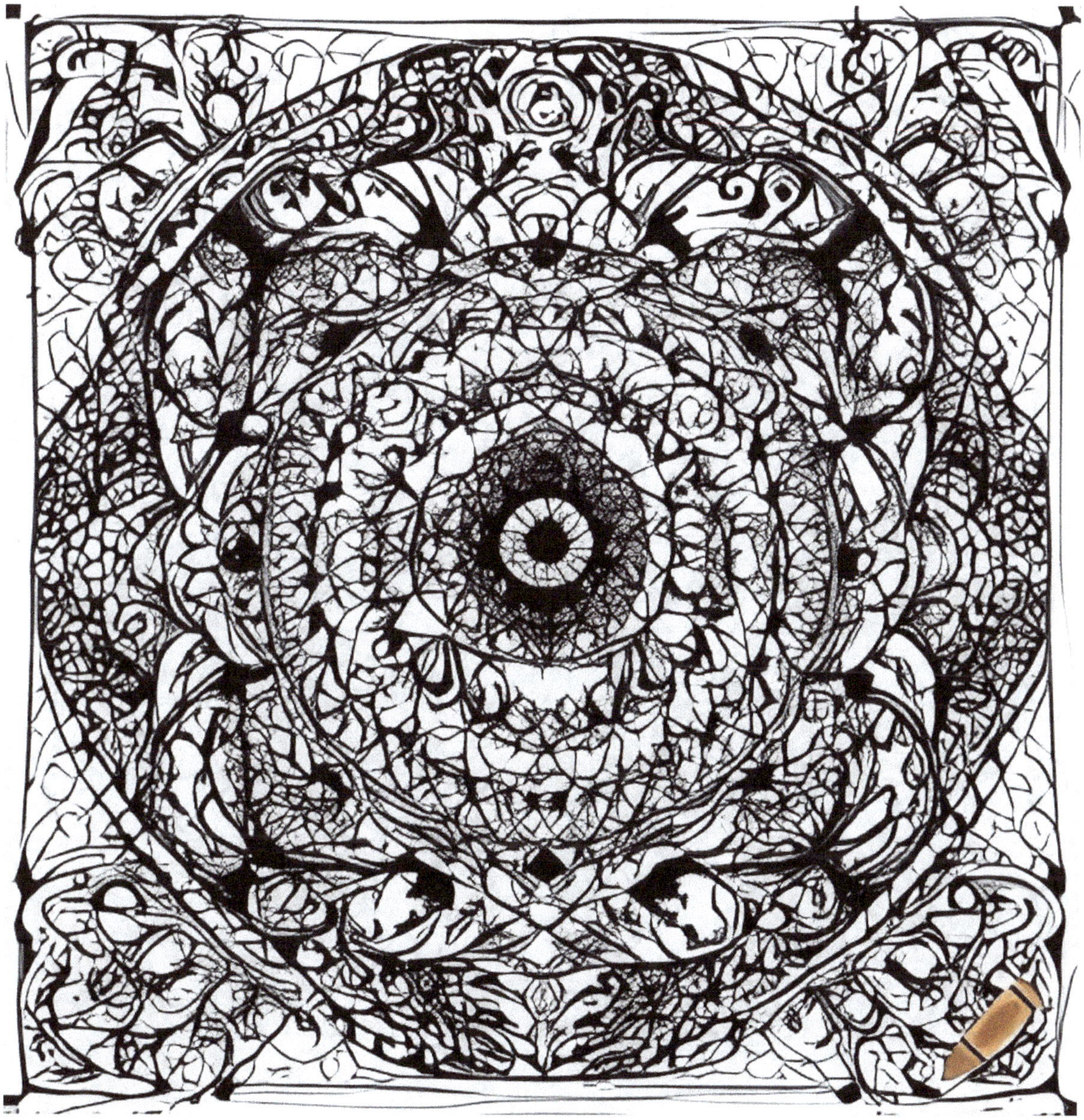

Si vale la pena hacer algo, hazlo con todo tu corazón

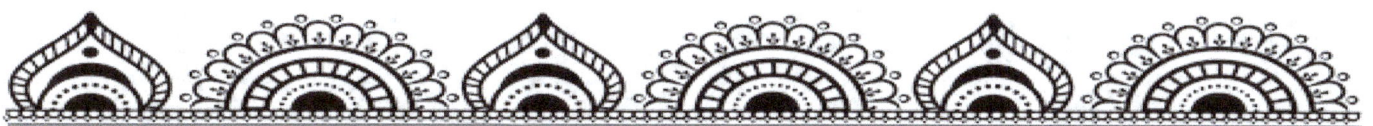

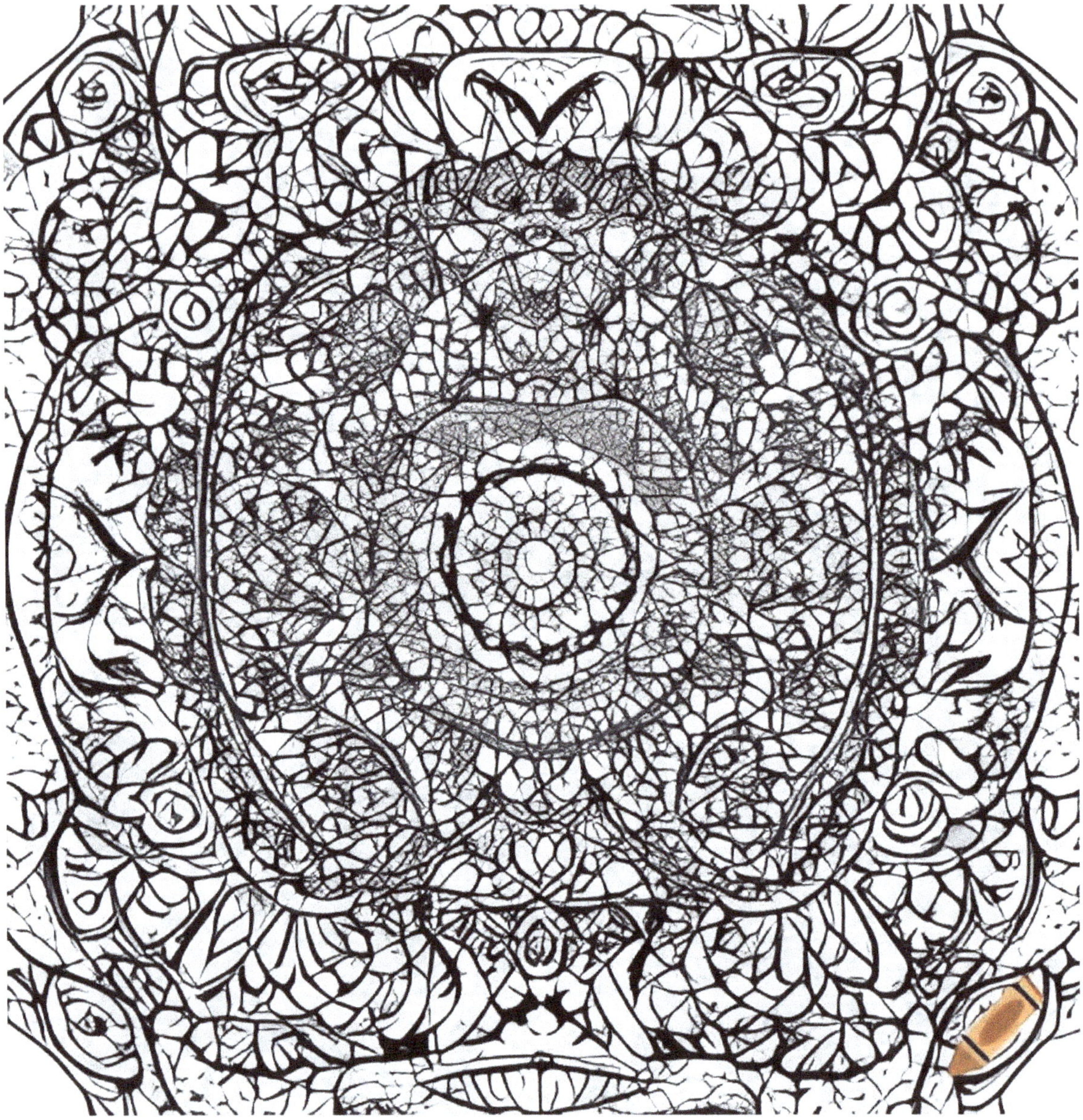

Si nos ocupamos de todo, una mente en paz no tendrá donde vivir

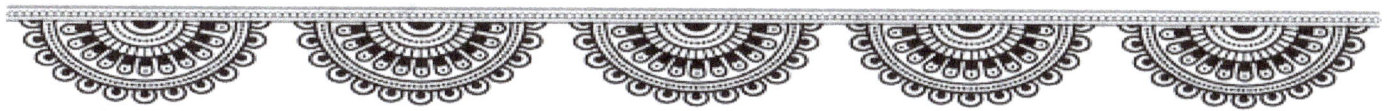

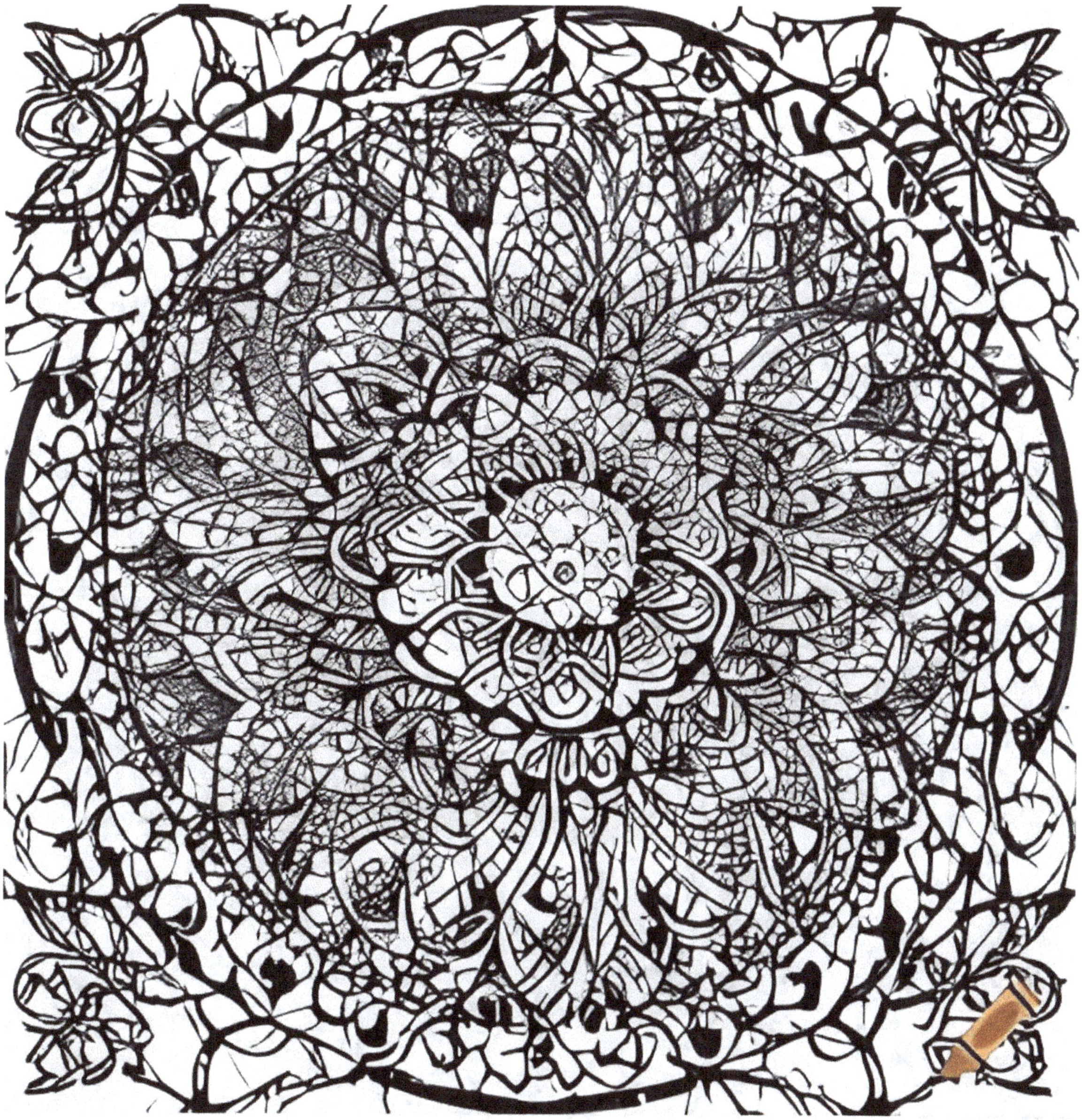

El poder sobre los demás es una debilidad
disfrazada de fuerza. El verdadero poder está
dentro y disponible para ti ahora

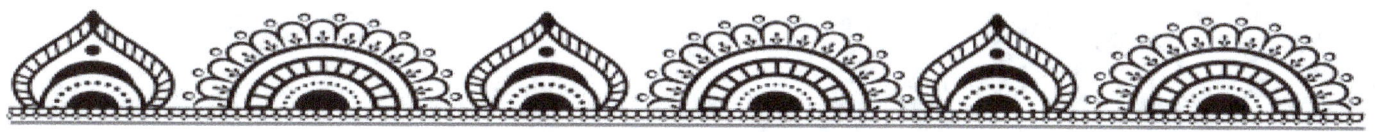

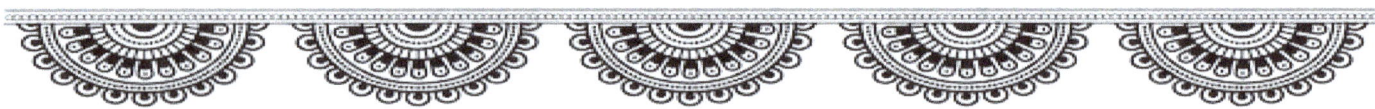

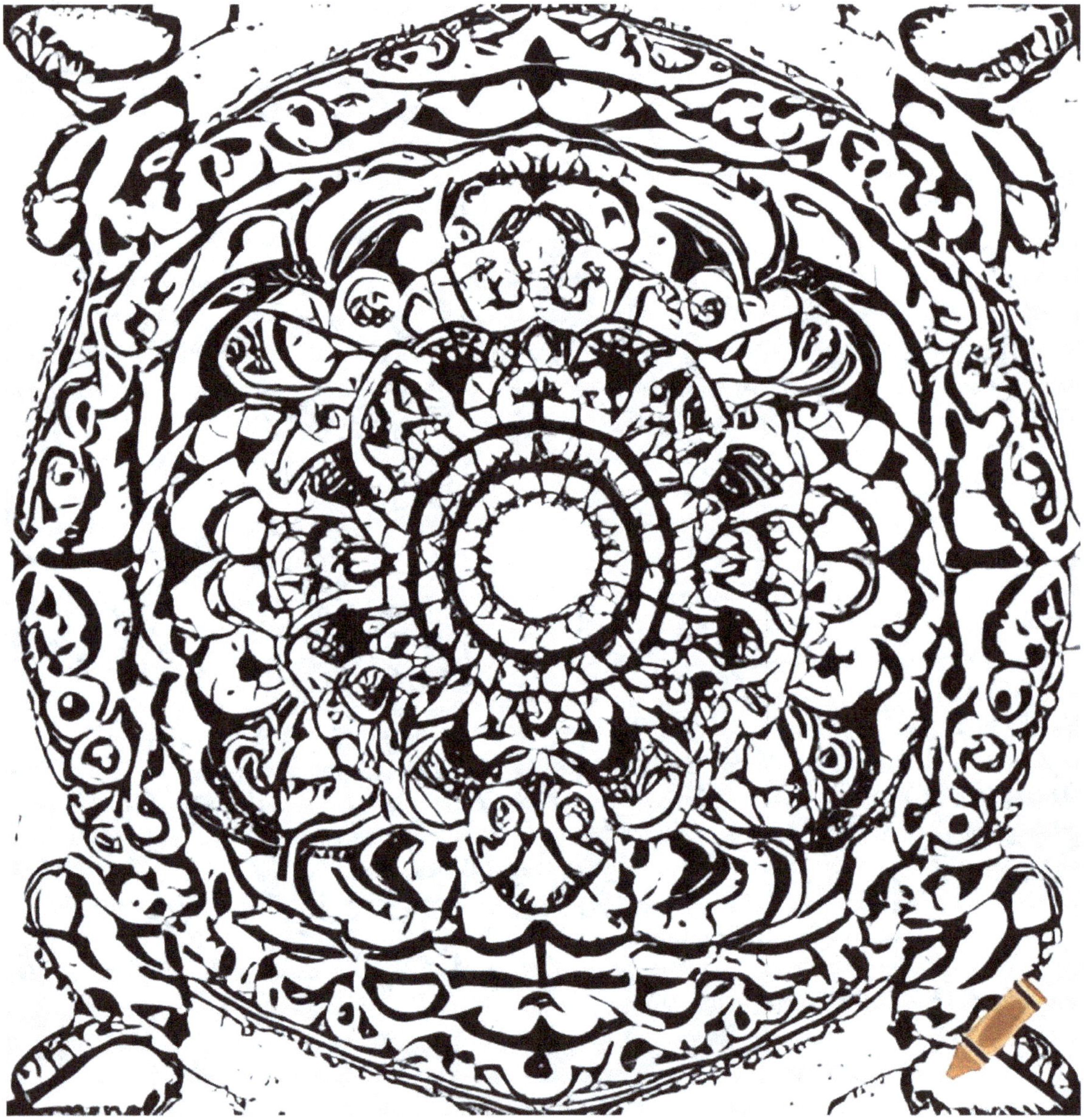

No busques santuario en nadie más que no seas tú mismo

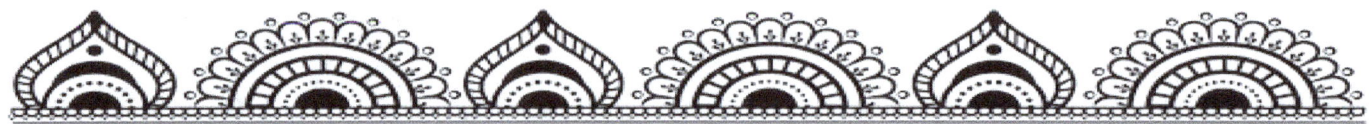

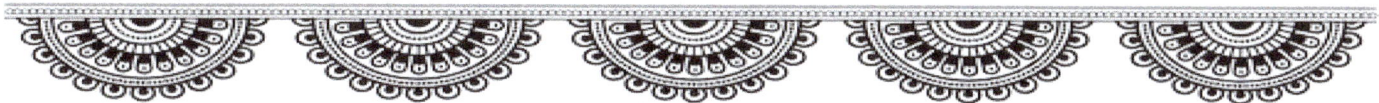

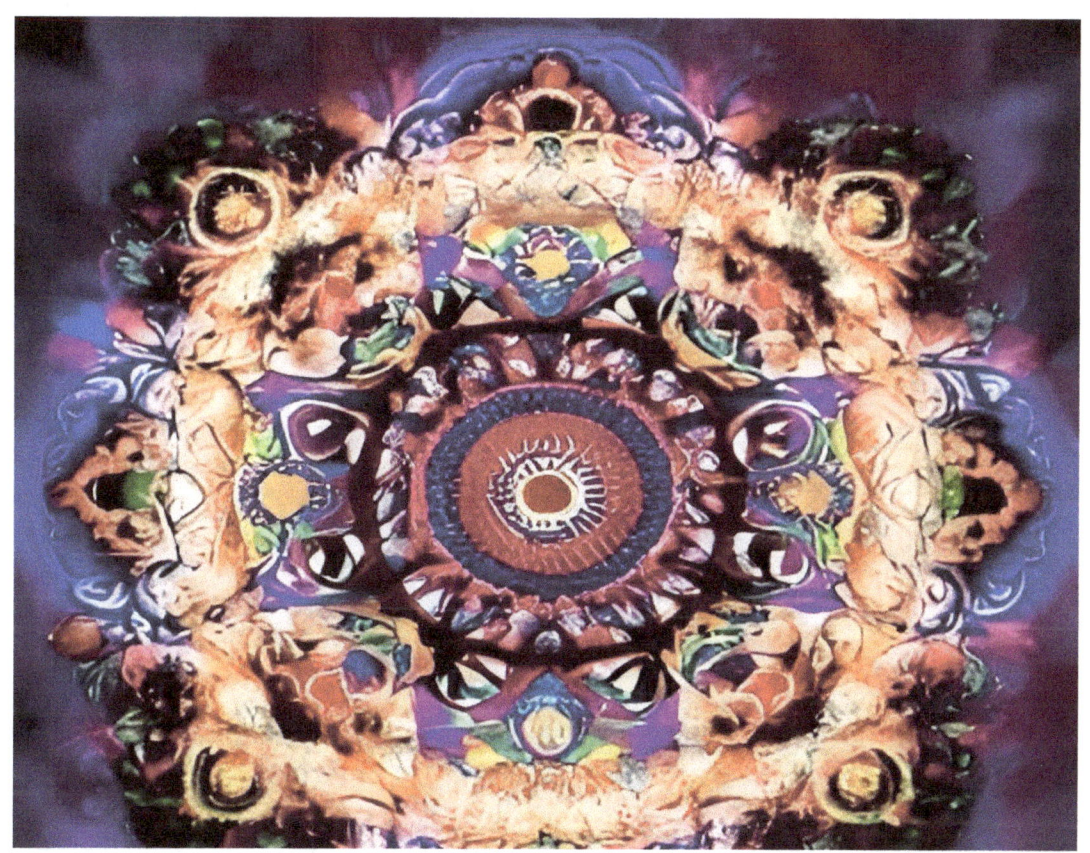

Cualquier palabra debe ser elegida con cuidado según las personas que la escucharán, ya que serán influidas para bien o para mal.

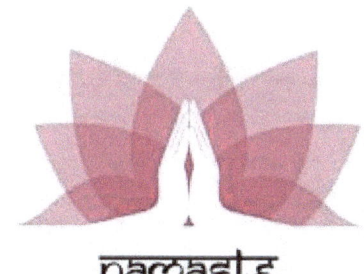

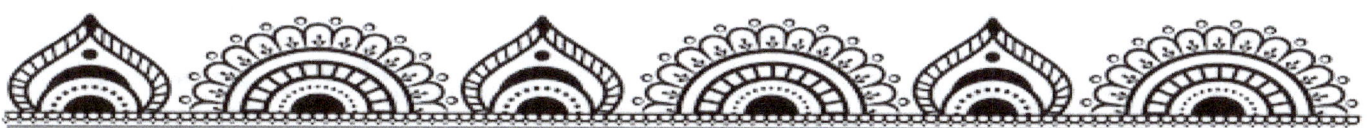